学术"咸鱼"
自救指南

钱婧

著

贵州出版集团
贵州人民出版社

图书在版编目（CIP）数据

学术"咸鱼"自救指南 / 钱婧著. -- 贵阳 : 贵州
人民出版社, 2023.3（2023.8重印）

ISBN 978-7-221-17553-3

Ⅰ. ①学… Ⅱ. ①钱… Ⅲ. ①论文－写作－指南
Ⅳ. ①H152.3-62

中国版本图书馆CIP数据核字(2022)第219916号

本书中文简体版权归属于银杏树下（北京）图书有限责任公司。

XUESHU "XIANYU" ZIJIU ZHINAN
学术"咸鱼"自救指南

钱　婧 著

出 版 人：朱文迅　　　　　　　　选题策划：后浪出版公司
出版统筹：吴兴元　　　　　　　　编辑统筹：王　顿
策划编辑：王潇潇　　　　　　　　特约编辑：俞凌波
责任编辑：张　黎　　　　　　　　责任印制：尹晓蓓
装帧设计：墨白空间·李国圣 | mobai@hinabook.com
出版发行：贵州出版集团　贵州人民出版社
地　　址：贵阳市观山湖区会展东路 SOHO 办公区 A 座
印　　刷：天津联城印刷有限公司
版　　次：2023 年 3 月第 1 版
印　　次：2023 年 8 月第 5 次印刷
开　　本：889 毫米 × 1194 毫米　1/32
印　　张：13
字　　数：227 千字
书　　号：ISBN 978-7-221-17553-3
定　　价：68.00 元

目 录

老师，我想拿奖学金。

老师，我想保研名校。

老师，我想发表论文。

老师，我想像您一样当老师。

那你们得先会做学术。

养成良好的文献存储和整理习惯，建立文献使用的良性循环。

阅读核心文献无法保持专注，只能无数次返工？那可太累了！

先写中文论文，再翻译修改成英文，那不是双倍工作量吗……英文论文，你也可以一气呵成。

查找、收集、分析，学术人可离不开数据。

严密的逻辑推理+严谨的研究设计，实证研究你得会。

就现在，从0开始踏实打基础吧！

- 没有思路？选择困难？"三日选题法"让你火力全开！

- 10分钟学会写开题报告，步步为营，跑在截止日之前。

- 告别简单堆砌，手把手教你打败文献综述"纸老虎"。

- 一针见血的摘要、关键词和结论，让评审不再堵心。

- 学会引言的艺术，打造让人无法抗拒的论文开场白。

- 拒绝虎头蛇尾！带你写出首尾呼应、回味无穷的高级结尾。

- 人靠衣装马靠鞍，用格式工具给你的文章穿上漂亮新衣。

就现在，开启你的论文全程攻略吧！

论文写作并不难，行动起来就能学会！

你和顶刊论文的差距有多大？语言逻辑是关键！

掌握几款修改润色"神器"，让你的文章更地道、更易读。

选刊也是门学问，教你如何实现文章与期刊的精准匹配。

别对投稿掉以轻心，排版、格式和图表都是"拦路虎"。

做好投稿后的功课，让审稿人被你的严谨和真诚打动。

稿子投出后都经历了什么？副主编揭秘编委会审稿流程。

拒绝社恐！拒绝焦虑！让你成为学术展示和汇报达人。

就现在，踏上你的科研进阶之旅吧！

- 读研也有"捷径"可走？提早规划，你也可以当保研"学霸"。
- 抓住"研0"的"黄金三个月"，实现从本科生到研究生的关键转变。
- 不知道怎么和导师相处？8个常见问题帮你顺利度过磨合期。
- 与同门相处是一门艺术，让你科研更顺利、生活更舒心。

就现在，去推开你学术人生的大门吧！

前言

这是一部写给有科研需求的初学者的入门小册子。

科研，并不"高大上"，它有自己的规则和节律。如果你觉得科研难，很可能是因为没有找到好的方法。在教学实践中，经常能看到很多同学空有一腔热忱，兜兜转转几个月，不知道如何入门，最后热忱消磨没了，科研的火苗也就熄灭了，最终不了了之。这一点，我懂你。

2007 年，我在澳大利亚读荣誉学位。回想起最初接触科研的时光，那些迷茫与艰辛历历在目。浩如烟海的文献如何检索和阅读？怎么提出有意义的研究选题？去哪里收集研究数据？论文写完之后怎么润色修改？如何选择合适的期刊进行投稿？投稿之后又需要做些什么？约老师的时候该说些什么？那些挥之不去、时隐时现的迷茫感和焦虑感如何化解？在网络资源和学术社群不甚丰富的当时，几乎每个问题都让我辗转反侧。对于有些内向"社恐"的我，这些问题更是加倍的负担，而新的问题也在过程中不断涌现。我常想，如果学术研究也能像打游戏一样，有一份平和友好、容易上手的新人教程，那该多好啊！

如今，我已在高校商学院从教十年，邮箱里和自媒体的私信中，总是塞满了来自校内外同学的各种问题。他们同当时的我以及正在阅读这本书的你一样，有着许多共性的问题，恳切地寻求着答案。怎样使更多学生受益，让大家能少走一些弯路，把内耗在焦虑中的精力更多地放在真正值得的事情上呢？ 2022 年 3 月起，我开始经营自己的新身份——B 站（指哔哩哔哩视频网站）UP 主（指上传者），通过视频和直播的形式，同青年学子分享科研、学业和生活方面的经验与感悟。这种分享和给予的感觉让我感到很满足，源源不断的正反馈也让我体会到了久违的意义感。

自媒体视频的形式有它的优势，那就是比较直观，也具有视觉的冲击力。但也有局限之处，那就是比较细碎，翻看起来时间成本大。于是，我就萌生了想要制作一本学术入门小册子的想法。诚然，我阅读过很多优秀的关于学术研究与论文写作的中英文书籍，也从中获益匪浅。但这些书籍有的相对高深，对于初学者而言门槛较高；有的十分聚焦，仅围绕学术科研或写作展开，不能解答青年学子从研究入门到学业规划，乃至生活、人际等方面的实际困惑。此外，我也希望能够在讲解学术研究的经典范式的同时，介绍一些时新的工具、方法和趋向，让青年学子的学术之路走得更稳、更快、更轻松。这也是本书创作的初衷。

在这本书中，我将以从零开始的逻辑、轻松易读的文字和朴素落地的例子，从"学术基础素养""论文全程攻略""科研进阶指南"和"学术人常见问题及解决方法"四部分展开论述。在内容设置上，我以学术研究和论文写作的入门指导为主，兼顾论文投稿进阶指南以及学业规划和人际关系方面的常见问题，希望能将广大青年学子"扶上马"后，再"送一程"。

在"学术基础素养"部分，我聚焦于初学者亟待掌握的 4 个基本技能：文献管理、文献阅读、数据收集与英文写作。养成良好的文献存储、整理的习惯，是从事科学研究的基本功，熟练掌握 Mendeley 和 Zotero 等工具将让你的文献管理如虎添翼。而管理文献的最终目的是阅读和吸收。对于需要精读的核心文献，我们可以借助思维导图工具来辅助思考与记忆。巧妇难为无米之炊，查找与收集数据是科研人的必备技能。本书将结合实例，介绍二手数据与一手数据的收集方法和使用技巧。对于科研人来说，英文写作是不可或缺的技能，但这也是一些同学头疼不已的难题。作为非母语者和初学者，我们同样可以借助一些工具提升英文写作的效率和质量，例如：中译英"神器"DeepL、自动语法纠错软件 Grammarly 和英文润色工具 QuillBot。

掌握了基础学术技能后，便来到了第二个部分——论文全程攻略。我始终认为，"动手去做"是初学者学习论文写作的最佳路径。许多有着学术愿景的同学在选题阶段花费太多时间，贻误了时机，也消磨了信心。我提出的"三日选题法"理念，能够帮助初学者"火力全开"，快速通关研究选题。同样地，许多同学对于开题有畏难情绪，在撰写开题报告方面不得要领。而在我看来，只需要 10 分钟就可以领会开题报告写作的心法。之后，我将分别就论文的文献综述、摘要、关键词、结论、引言与讨论部分的内容要旨和写作方法进行拆分讲解。在这一部分，你也能学到基础的论文写作格式规范和使用引用、参考文献的技巧以及论文答辩的详细攻略。

为了满足同学们实现科研进阶、提升发表层次的需求，我将结合实例讲述论文写作、修改与润色的方法以及期刊投稿的经验。提升发表质量的"基石"，是建立正确的审美观。强大的逻辑正是高端文献的灵魂。我将从文章的谋篇与布局、段落的衔接与展开以及句子的组织与润色三个层次，详细讲解学术写作语言逻辑的提升技巧。之后，我将介绍英文写作修改润色的注意事项和辅助技能。

同时，作为一位资深的研究者、审稿人和期刊副主编，我也将结合自身的一手经验，分享选择目标期刊的方法、投稿修改与回复评审的技巧，以及副主编视角下的论文评审过程与细则。

身为刚刚起步的"学术人"，你可能也会面临许多和学业规划、人际关系相关的问题。作为一名多次担任本科生和研究生班主任、长期指导硕士研究生和博士研究生的博导，我对青年学生的学业成长路径十分关心，也有许多体会想要同你分享。对于有机会保送研究生的本科生而言，这是一条学术道路的"捷径"，基于此，我将对本科保研的细则进行详细解读，希望帮助同学早日实现科研梦想。对于已经成功"上岸"的准研究生而言，知道如何做好准备工作，能让你的学习和科研生涯更加如鱼得水。同时，在整个研究生阶段，处理好与导师和同门的关系，不仅会让你少了很多纠结与烦恼，也能帮助你建立起良性互动的合作关系，提升学术科研的效率与质量。

总体来说，这是一本凝结了我求学、科研与从教十几年经验与体悟的诚意之作。我想把它送给十多年前懵懂迷茫的自己，更重要的是送给想要踏进和刚刚踏进学术之门的青年学生与学者。九层之台，起于累土；千里之行，始于足下。衷心祝福你们能够从零开始走近梦想、走向幸福，采摘独一无二的闪着奇光的科学之果。

最后，在本书成书之际，我也想对多年来指导和帮助过我的人表示感谢，是你们让我"得到"，也是你们让我迫不及待地想要"给出"。这种付出和给予的感受，真的很美好。

本书使用说明书

这本书的内容涵盖了从零开始做学术的时候，所需要的方方面面的技能和解决方案。这本书不仅适用于硕士研究生和博士研究生，也适用于本科生和对科研素养有诉求的高中学生。那么，如何使用这本书呢？下面，我将针对"学术硕博""本科生和高中生"以及"专业硕士"三个群体，分别提供一份本书的使用指南。这份指南旨在抛砖引玉，同学们在看书的时候，可以根据自己的需要，列出属于自己的学习计划。

● 学术硕博研究生用书指南

我们以三年期的学术硕士和博士为例，看一下硕博期间的主要任务有哪些（表1），并且梳理一下如何通过使用这本书，提升攻读学术研究生学位的效率。硕博期间的任务大致可以分

表1　硕博任务及时间线

学年	研/博一		研/博二		研/博三	
	第一学期	第二学期	第三学期	第四学期	第五学期	第六学期
必修课程	最晚在第三个学期结束					
小论文	小论文1		小论文2	小论文3	……	
会议论文	会议论文1		会议论文2	会议论文3	……	
学位论文	建议在第四个学期开始之前完成开题			数据收集与论文初稿		论文答辩
其他要求	非通用的要求，比如需要听够多少场讲座、参加多少次学术会议等					

为修读课程、撰写小论文和学位论文及其他要求四个部分。其中，修读课程和其他要求，可以根据学校或学院的课程安排、讲座安排等逐步完成。尽管硕士和博士在小论文发表的要求、数量及最终的学位论文要求方面存在差异，但是攻读硕博的整体流程大致相似。这也是为什么很多学术硕士项目和博士项目合并，变成硕博连读的原因。事实上，不少国外的项目是把这两个项目放在一起的，硕士项目的学分可以转移一部分到博士项目，这也是一种硕博连读的概念。

对于小论文的撰写，可以参考本书第一部分"学术基础素养"、第二部分"论文全程攻略"和第三部分"科研进阶指南"中的内容。需要注意的是，第一篇小论文的撰写可以与学位论文的方向一致，也可以不完全一致，这篇论文的目的是体验论文从选题到研究设计、写作，再到发表的全部流程，完成从 0 到 1 的学术体验，为之后的小论文及学位论文的完成做好铺垫。小论文及学位论文的完成与本书各章节的联系如表 2 所示，大家可以按照这个说明参考学习。

除了常规的课程和论文要求，有些学校可能会有参加学术会议，并在会议上做报告这一项。但是实际上，不管有没有这个要求，都建议大家在条件允许的情况下多参与学术会议。小论文写好之后，可以先投稿会议，通过参加学术会议，不仅能

表2　小论文与学位论文完成攻略

适用任务	涉及环节	本书章节
小论文 + 学位论文 通用技能	文献积累 与阅读	**第一部分　学术基础素养** 第1章　巧用工具管理文献，形成自己的文献体系 第2章　巧用思维导图阅读文献
	选题	**第二部分　论文全程攻略** 第1章　同学，你听说过"三日选题法"吗？
	数据来源	**第一部分　学术基础素养** 第4章　导师口中的数据都藏在哪里？
	论文写作	**第二部分　论文全程攻略** 第3章　往上堆就行？不，文献综述直接决定你的论文档次 第4章　一针见血，写出让评审第一眼就看重的摘要、关键词和结论 第5章　虎头：引言的艺术 第6章　凤尾：讨论的艺术 第7章　21世纪了，学点引用和参考文献的相关技术吧
	论文修改	**第一部分　学术基础素养** 第5章　巧用翻译和润色工具，助力英文写作 **第三部分　科研进阶指南** 第1章　发表审美观：高端的文献＝低调的语言＋美妙的逻辑
小论文 专用技能	论文投稿 与发表	**第三部分　科研进阶指南** 第2章　投稿不知去哪里？通关秘籍帮你破 第3章　投稿前的功课 第4章　投稿后的功课 第5章　打开"黑箱"——审稿流程揭秘
学位论文 专用技能	开题	**第二部分　论文全程攻略** 第2章　10分钟学会写开题报告，看看还有谁不会
	答辩	**第二部分　论文全程攻略** 第8章　舌战群雄，评委老师都认可的论文答辩攻略

从同行学者那里获得关于论文提升的建议，还能启发未来的研究思路。除此之外，在学术会议中还可以亲眼看到领域里的学术"大佬"，并且跟同行面对面交流自己的研究。更重要的是，可以结交一些学术路上的同龄人，这对于孤独的学术路也是一种非常重要的支持。参与会议后，可以根据建议修改论文后再投稿目标期刊。

除此之外，本书的最后一部分集合了学术人常见的问题及解决办法，提供了一些硕博期间如何与导师、同门相处的小建议，希望可以帮助大家尽量减少一些不必要的心理负担和能量内耗。

● 本科生、高中生用书指南

对于本科生而言，无论你以后做不做科研，这本书都有用。如果将来不从事学术工作，这本书可以帮助你更规范、更有效率地完成学位论文；如果选择继续从事学术工作，那么这本书的影响会更加深远。它可以帮助你开始构建学术基础和学术技能，并启发你思考和规划自己的学术生涯。

事实上，在教学实践中我们可以看到，最近几年，在保研面试的时候，具有学术经历和优秀学术发表的本科同学越来越多了。倒推回去，保研的时间一般是大三结束的时候，如果这时能有写在简历里的科研经历或科研发表，那就说明，有的同学从大二或更早就开始努力做相关的积累了。

从表3中我们可以看到本科阶段的主要任务，包括修读课程、完成学位论文和其他要求几个部分，对于继续做学术的同学而言，还会包含保研和考研环节。

表3　本科任务及时间线

学年	大一		大二		大三		大四	
	S1	S2	S3	S4	S5	S6	S7	S8
必修课程	毕业要求的整体学分较高，课程修读可能贯穿整个本科阶段，需要做好规划							
学位论文					选题、研究设计与写作			论文答辩
保研/考研					保研	考研	"研0"	
其他要求	如实践证明，以及保研需要的各种竞赛、证书等							

备注：S1—S8代表第一到第八个学期。

接下来，我将详细说明这本书如何助力本科阶段各个环节及任务的完成（表4）。这里主要给出了完成本科学位论文，以及申请研究生这两个重大事件与本书内容之间的关联。另外，本书也将提到如何充分利用"上岸"后到研一入学前，也就是大家常说的"研0"这一黄金时期。值得注意的是，对于大多数本科生来讲，毕业要求里并没有发表小论文这一项。但是，对于将来要继续做学术工作的同学来说，尽早上手做研究、尽早开始写论文是非常明智的选择。你还在懵懵懂懂，觉得自己

表4　本科学位论文完成与研究生申请攻略

适用任务	涉及环节	本书章节
学位论文 通用技能	文献积累 与阅读	**第一部分　学术基础素养** 第1章　巧用工具管理文献, 　　　　形成自己的文献体系 第2章　巧用思维导图阅读文献
	选题	**第二部分　论文全程攻略** 第1章　同学,你听说过"三日选题法"吗?
	开题	**第二部分　论文全程攻略** 第2章　10分钟学会写开题报告,看看还有谁不会
	数据来源	**第一部分　学术基础素养** 第4章　导师口中的数据都藏在哪里?
	论文写作	**第二部分　论文全程攻略** 第3章　往上堆就行? 　　　　不,文献综述直接决定你的论文档次 第4章　一针见血,写出让评审第一眼就 　　　　看重的摘要、关键词和结论 第5章　虎头:引言的艺术 第6章　凤尾:讨论的艺术 第7章　21世纪了,学点引用和参考文献的相关技术吧
	论文修改	**第一部分　学术基础素养** 第5章　巧用翻译和润色工具,助力英文写作 **第三部分　科研进阶指南** 第1章　发表审美观: 　　　　高端的文献=低调的语言+美妙的逻辑
	答辩	**第二部分　论文全程攻略** 第8章　舌战群雄,评委老师都认可的论文答辩攻略
申请 研究生	保研/ 考研	**第四部分　学术人常见问题及解决方法** 第1章　本科学术人的捷径:保研细则全解读 第2章　学术敲门砖:研究计划怎么写?
	"研0" 攻略	**第四部分　学术人常见问题及解决方法** 第3章　"上岸"后的路:"研0",你准备好了吗?

是个宝宝的时候，已经有聪明人先飞一步了。关于这个目标，可以参考"学术硕博研究生用书指南"里边的小论文发表技巧。

另外，有些高中现在也开始有意识地将提升学生科研素养加入培养目标中。本书的内容，尤其是第一部分"学术基础素养"对想要提高自己学术素养的高中生而言，将会是非常好的入门指南。而且对高考结束后的"准大学生"来说，也可以利用暑期时间翻一翻这本书，对自己未来学术生涯有一个基本的"蓝图"规划，从而可以更好地确定自己本科的发力点和学术目标。

● **专业硕士研究生用书指南**

专业硕士的学习年限一般是两年，主要任务是上完培养计划里的课程，以及完成学位论文（表5）。除此之外，可能还包含参加学术讲座及其他的实践活动等。

表5　任务及时间线

学年	研一		研二	
	第一学期	第二学期	第三学期	第四学期
必修课程	一年或者一年半完成课程要求			
学位论文	第一年末或第二年初完成开题		数据收集与写作	论文完善与答辩
其他要求	非通用的要求，比如需要听够多少场讲座等			

下面主要说一下，如何使用本书完成专硕学位论文的撰写。

表 6 列出了本书各章节内容与学位论文撰写的各个环节之间的
对应关系，在学位论文的写作过程中，可以参考这一使用指南。

表 6　学位论文完成攻略

适用任务	涉及环节	本书章节
学位论文 通用技能	文献积累 与阅读	**第一部分　学术基础素养** 第1章　巧用工具管理文献， 　　　　形成自己的文献体系 第2章　巧用思维导图阅读文献
	选题	**第二部分　论文全程攻略** 第1章　同学，你听说过"三日选题法"吗？
	开题	**第二部分　论文全程攻略** 第2章　10分钟学会写开题报告，看看还有谁不会
	数据来源	**第一部分　学术基础素养** 第4章　导师口中的数据都藏在哪里？
	论文写作	**第二部分　论文全程攻略** 第3章　往上堆就行？ 　　　　不，文献综述直接决定你的论文档次 第4章　一针见血，写出让评审第一眼就 　　　　看重的摘要、关键词和结论 第5章　虎头：引言的艺术 第6章　凤尾：讨论的艺术 第7章　21世纪了，学点引用和参考文献的相关技术吧
	论文修改	**第一部分　学术基础素养** 第5章　巧用翻译和润色工具，助力英文写作 **第三部分　科研进阶指南** 第1章　发表审美观： 　　　　高端的文献＝低调的语言＋美妙的逻辑
	答辩	**第二部分　论文全程攻略** 第8章　舌战群雄，评委老师都认可的论文答辩攻略

除此之外，本书的最后一部分"学术人常见问题及解决办法"也可以提供硕士期间如何与导师、同门相处的有益建议。尽管专业硕士生可能已经具有一定的职场工作经验，社会经验更为丰富，但在独特的学术语境及校园环境中，还是存在一些和职场有差异的情境，相信通过阅读本书，可以帮助大家得到启发，顺利完成学业。

第一部分

学术基础素养

第1章

巧用工具管理文献，
形成自己的文献体系

　　想要完成一项属于自己的研究，我们需要站在"巨人的肩膀"上，也就是在阅读既往文献的基础上寻找研究问题，提出研究依据，制定研究方法。然而，不少同学在下载一些文献之后，会面临一个很大的困惑：丝毫不记得自己都找了什么文献，也不知道找到的文献放在了哪里，到用的时候，还得重新寻找下载。这种不良循环很不好，容易让人抑郁，觉得没有累积感，劳心劳力。

　　这一章将给大家一个解决方案：建立自己的文献管理体系。这是学术研究的第一步，属于基本功。大家一定要从做科研的第一天起就足够重视这一步，并且练习起来。日积月累，你会感激自己的。

● 习惯养成的第一步：文献命名

　　当你下载完一篇文献后，应该做的第一步就是给文献重新命名。很多期刊或数据库里下载下来的文献名称都与论文作者、标题、年份这些关键信息完全没有关系,而且很可能是一大串乱码。这就需要你对文献进行重命名,不然之后会很难找到已经下载和看过的文献。

命名的逻辑可以随自己的喜好来。你可以按照"发表年份+ 文章标题"的形式命名,也可以将作者信息、期刊信息或文章关键词加入文献的名称里,以方便后期搜索查找。例如,可以命名为"2022 领导者对员工主动行为的心理与行为反应",或者"2022 郭玉冬等 心理科学进展 员工主动行为 / 领导反应 /追随研究"。

讲到命名的方法,有的人会选择手动来做,认为这样可以加深对自己已经看过文章的印象。有不少文献管理工具也可以帮助完成命名。例如:当你将下载下来的文献拖入文献管理工具(如 Mendeley 和 Zotero)里边时,这些软件会自动更新所导入文献的"身份信息",包括标题、作者、出版年份、出版期刊、期号和卷号、页码、文章摘要、DOI(Digital Object Identifier,数字对象标识符)等。命名的工作,自然就随之完成了。

● 习惯养成的第二步:文献归类

文献下载完之后,是落在一个默认的"下载"文件夹里。

下一步应该是给新下载的文献建一个文件夹，或者说文献的"家"。这就是文献归类。归在哪里，你要有自己的思路和逻辑，因为最后要用到它们的人是你，所以把它们放在哪里，也是你说了算。

归类的方式有很多，比如，可以按照文章的主题进行归类，将不同的文献按主题存放，也可以按照发表的期刊进行归类，或者按照文章作者进行归类。归类好的文章分别存在不同的文件夹里，同时，文件夹的命名需要明确、清晰，这样可以方便日后查找。对于文献归类这一步，同样可以手动或借助工具来完成。例如，在软件 Mendeley 中，我们可以自己建立文件夹，将下载的文献进行分类（图 1）。首先，Mendeley 里自带一些分组，比如"Recently Added"里可以找到你最近读的文献，"Favorites"中可以找到你做星标标注的文献等。其次，你也可以自己建立新的文件夹，并在新文件夹下建立子文件夹。图 1 中的例子，就是将文献按照期刊（Journal）、主题（Proactive Behavior）以及理论（Theory）分成了三大类，在每个大类之下又包含一些具体的子文件夹。

下载和整理文献并不是一件非常难的事情，但是对于学术"萌新"们来说，也需要花费一段时间进行摸索。

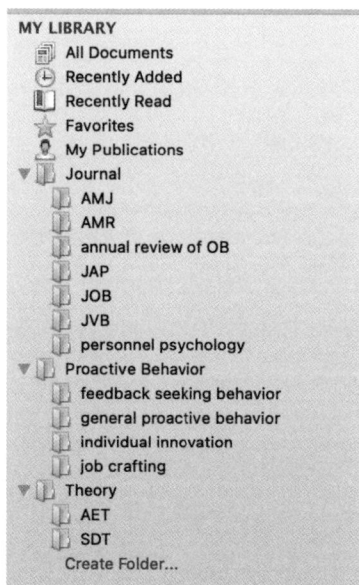

图1　Mendeley 文献归类示例

学术新人试体验

接到研究生拟录取的通知后，小明抓紧时间发邮件联系了自己心仪已久的导师。跟导师表明自己做学术的决心后，他收到了老师给的第一个任务——下载整理近十年来关于工作压力研究的中英文文献。看到这个任务，小明内心既激动又忐忑。激动是因为自己终于要正式加入"学术人"的行列了，忐忑则来源于自己在本科阶段接受的科研训练很少，只看过一些中文文献，还都是授课老师在课程中发放给同学们阅读的，就连毕业论文中的参考文献，也基本是指导老师打包发给自己的。主动获取和整理文献，是小明很少触及的技能。

抱着边做边学的心态，小明一边询问师兄师姐通常如何下载和管理文献，一边在网上搜索文献管理攻略，在文献查阅和下载的过程中不断调整自己的思路和策略。他从师兄师姐那里问到了一些常用的文献下载网站，一口气下载了上百篇文章，堆放在一个文件夹中。然而，下载文献的快感，马上被自动命名的、拥有各种奇形怪状名称的文献所掩盖。面对满屏的文献，小明的心情非常凌乱。这时候，他开始发现，文献不只是下载下来就万事大吉了，更重要的工作在于后续的整理。也是在这一刻，小明隐隐约约感觉到了科研工作琐碎的一面。

接下来，他根据网上搜到的攻略，按照"出版时间＋论文标题"的模式给每篇论文进行了重新命名，并且粗暴地根据"中文论文"和"英文论文"的分类方法，将所下载的文献放在了两个文件夹里。然后，小明将找到的文献打包发给了导师。导师返回的意见是，将所下载的文献进一步分类，区分出其中的综述类文章和实证文章，找出发表这一主题文章最多的期刊，以及这一主题下发文最多的作者，同时，也需要关注一下文章的关键词，以及所使用的方法。

小明按照导师的建议，对所下载的文献进行了细分，并且根据导师的要求，做了一个Excel表格，一一回应了导师提出的要求。在这一过程中，他对文献的下载和整理慢慢有了自己的理解，也逐渐形成了自己的文献整理风格，同时真实地体会到了科研琐碎而又严谨的日常……

● 善用文献管理工具

关于命名和归档，前文已经举过例子，下面我将以Mendeley和Zotero为例，进一步介绍如何对文献进行管理。之所以选择这两款软件，是因为它们免费，并且可以实现命名、分类、阅读、记笔记、生成文末参考文献列表等一系列实用功能。这类型的软件还有很多，大家不必拘泥于一种，初期多试试，选择用起来更顺手的即可。

Mendeley使用指南

Mendeley文献管理软件的主要使用流程为：①点击"Folders"新建文件夹并命名→②点击"Add"导入文献→③点击"Search"输入关键词查找→④高亮标记/点击"Note"记录笔记→⑤ Word安装插件后点击"Insert Bibliography"生成文

献→⑥点击"Style"更新参考文献引用格式。

（1）文献存档和分类功能

Mendeley 的操作界面包括"Add""Folders""Sync"和"Help"四个命令（图 2）。其中，通过"Add"命令可以将已经下载好的文献导入这一软件；"Folders"命令用于建立文件夹，以实现文献的分类归档；"Sync"的功能可以实现多台设备文献笔记数据同步加载，还可以将 Mendeley 中的内容迁移到新的设备上去。

文献导入和分类的具体操作流程是，先点击最上边的"Folders"，建立新的文件夹，并给文件夹命名。建好的文件夹会显示在左边一列。之后选中相应的文件夹，再点击左上角的"Add"按钮就可以导入文献。除此之外，Mendeley 还可以建立子文件夹，对文献进行进一步的归类。例如，如果需要按照期刊对文献进行分类，可以先建立一个上级文件夹命名为"Journal"，然后在这一文件夹下建立具体期刊名称的子文件夹。

在建立的文件夹下边（图 2 左下区域），会显示文献库中所有文献的作者信息，并且自动按照作者姓名的首字母进行排序。通过这一区域，可以实现按照作者名进行文献搜寻和查阅的操作。操作界面的右侧部分是导入的文献列表，列表里会显示每

图2　Mendeley 操作界面[1]

一篇文献的作者、标题、发表年份、发表期刊名称，以及文献
添加日期等信息。如果想要搜索某一篇文献，可以在操作界面
的右上角"Search"命令框中输入文献标题、作者、出版年份、
关键词等信息进行查找。

（2）文献阅读与笔记功能

　　在了解了如何导入文献和文献分类存档后，我们来看一下
Mendeley 的文献阅读和笔记功能。Mendeley 具备一般 PDF 阅
读器的功能，可以直接阅读导入的文献。在阅读的过程中，能

---

1. 受版面尺寸限制，书中此类操作界面截图仅用于示例，图中详细内容请参
考软件实际界面。

够对重点文本进行高亮，并可以选择"Note"功能记录自己阅读过程中产生的想法，做好的笔记会直接汇总在右侧界面"Note"下边（图3）。但有一点遗憾的是，Mendeley做出的笔记只能简单地对字体进行加粗、斜体等基本调整，不具备添加图片等复杂笔记功能。

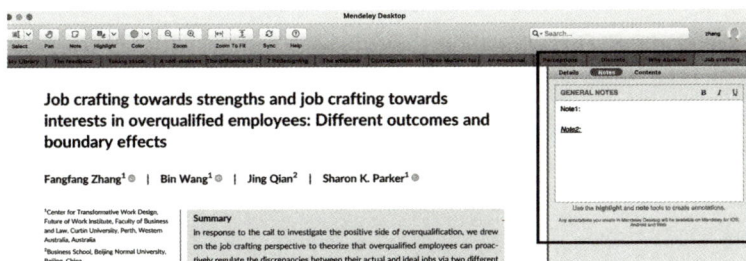

图3　Mendeley记笔记功能

（3）插入参考文献功能

Mendeley还有一个非常人性化的功能，就是可以在Word中安装插件，使看文献、写作、插入参考文献同步进行。

在"Tools"工具栏里，选择安装Word插件，安装成功之后，Word的"引用"菜单下就会显示插件了（图4）。

图4　Mendeley在Word中的插件显示

在 Word 中插入参考文献的时候，可以先点击"Insert or Edit Citation"选项，之后会出现引用编辑框（图 5）。在文本框中输入作者、标题或者出版年份等信息，选择需要引用的文章，点击确定，即可将参考文献导入 Word 中。

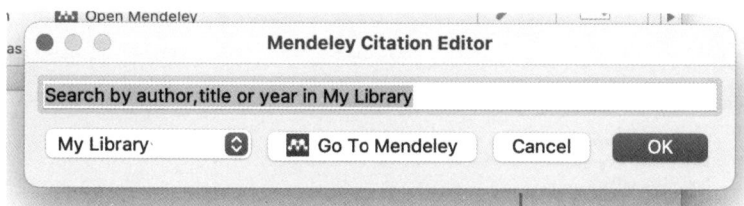

图5　Mendeley引用编辑框

插入的参考文献最初是文中引用格式，只会显示作者和出版年份。接下来，在 Word 文档最后的参考文献部分，选择合适的插入位置，点击"Insert Bibliography"，就可以自动生成文末的参考文献。

这里多说一句，由于不同的期刊对参考文献的格式有不同要求，我们可以通过"Style"部分，选择合适的参考文献引用格式，然后点击一键更新，魔法般地，所有的参考文献就会自动更新了，省时省力又不容易出错。最后再逐一检查，就大功告成了。

Zotero使用指南

Zotero 文献管理软件的主要使用流程为：①点击左侧"My Library"分类文献→②查看右侧"Info"文献信息→③高亮标记/点击"Notes"记录笔记（可插图加编号）→④点击"Note"记录笔记→⑤ Word 安装插件后点击"Add/Edit Citation"插入引用文献→⑥点击"Add/Edit Bibliography"生成参考文献列表。

（1）文献存档和分类功能

Zotero 的页面和 Mendeley 很像（图 6）。在最左侧"我的文库"（My Library）中可以添加不同的文件夹，用来分类所有文献。中间部分包含了标题（Title）、创建者（Creator）、年份（Year）三个主要显示项。在这部分中，点击左上角的添加符号就可以导入所需的文献，或直接将文献拖进来。点击右上角的搜索栏，你还可以对文件名、作者、年份进行搜索。当你点击某一篇文献时，右侧的"Info"部分就会调出该文献的基本信息。你可以在这一栏中查看文献的摘要，除此之外，也可以在这一部分的"Notes"栏目中添加一些简单的批注。这个功能很实用，之后即使你没有打开这篇文献，也能通过之前的批注回忆起文献的大概内容。

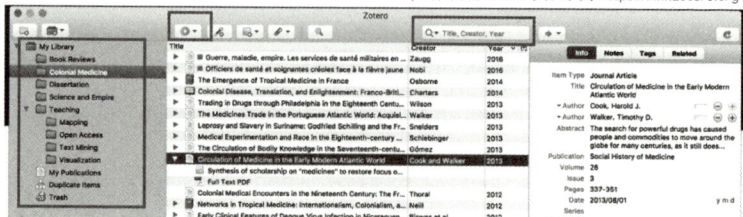

（图片来源：Zotero官方网站：https://www.zotero.org）

图6   Zotero操作界面

（2）文献阅读与记笔记功能

Zotero 也具有阅读文献的功能。除了具有一般 PDF 阅读器的高亮标注功能以外，我个人的使用感受是 Zotero 的笔记功能比 Mendeley 更强大一些。Zotero 的笔记功能中，除了各种字体和字号切换，还可以添加项目符号和编号、插入图片笔记、插入链接、进行笔记查找，也可以在笔记中插入参考文献。同时，通过 Zotero 做的笔记会在做笔记的文献下边单独保存为一个文件，方便日后查看。

（3）插入参考文献功能

类似地，Zotero 也具有插入参考文献的功能。首先，需要在 Word 中安装 Zotero 插件。安装好之后，在 Word 的最上边工具栏会出现 Zotero 的标志（图 7）。点击"Add/Edit Citation"，会出现 Zotero 的引用文献编辑框（图 8），在框内输入可以识别的文献信息，点击回车键即可插入引用文献。再点击"Add/

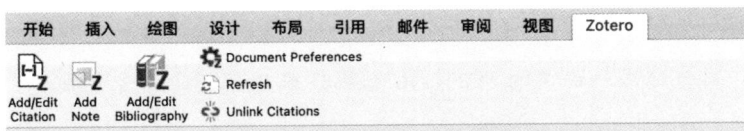

图7　Zotero在Word中的插件显示

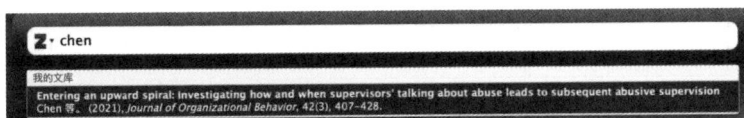

图8　Zotero引用文献编辑框

Edit Bibliography"，就可以生成文末参考文献列表。Zotero 也提供了不少参考文献引用格式的选项，在实际使用过程中，可以根据需求进行选择。

　　熟悉了文献管理的方法、流程及两个文献管理软件的使用攻略之后，你应该也发现了，文献管理其实是一件需要耐心的事。一时半会儿可能看不出成效，但是这一步的琐碎工作不能省，做到位了，养成了好习惯，自然会帮助你在后期的文献阅读以及建立文献体系的过程中事半功倍。可谓是真正意义上的"入股不亏"。

学术新人试体验

　　小明是一名正在等待入学的"研0"学生，最近忙着完成导师布置的任务——修改一篇英文论文初稿中的参考文献格式。接到这个任务时，小明很放松，因为他觉得任务很简单，而且自己很细心，本科毕业论文的参考文献就"敲"得非常漂亮。

然而，小明在完成导师的任务时却发现，实际情况跟自己一开始想象的不太一样。英文论文的参考文献比中文论文更加烦琐一点，这个地方多个句号，那个地方少个句号都不太容易发现。而且，有的地方需要用逗号，有的地方就得改成分号了。他改得相当痛苦，不是这里少个标点，就是那里缺了页码。更难的是，文中的标注和文章末尾的参考文献也存在一些不对应的地方。这样断断续续"手动"改了两天之后，小明终于忍不住去问了一下师兄师姐，这才发现，竟然有专门的文献管理软件可以帮助一键添加和修改参考文献，而且软件能够做出格式一致、整齐划一的参考文献。

根据师兄师姐的推荐，小明选择使用 Mendeley 这个软件。虽然文献管理软件能够起到事半功倍的效果，但是学习软件操作也需要一段时间。用了两天的时间，小明从安装软件和插件、了解参考文献的引用格式、如何在文件管理软件中导入文献、如何自动更新，到更正文献的信息等，全方位地学习了软件的使用方法。趁热打铁，他迅速完成了论文初稿中的参考文献修正任务。这样一来，小明又掌握了一个入门级科研小技能。

● **核心文献 100 篇**

除了形式上的积累技巧，我们接下来需要聊一下内容方面的文献系统积累。无论你是硕士研究生还是博士研究生，需要钻研的任何一个小的话题（topic）领域的核心文献都在 100 篇左右。换句话说，如果你能攻克这百篇文献，就会成为这个话题的专家，这种持续输入会带来非常直接的成就感和踏实感。当然，这里说的百篇文献是一个泛数，有可能是 50 篇、90 篇，也可能是 110 篇，是一个大略的数字。

那么，怎样才能找到研究领域的百篇文献呢？我在这里给大家举个例子。比如，我们研究的话题是：工作压力。第一步：搜索中文综述论文。首先以"综述""元分析""工作压力""压力"为关键词去搜索，会找到一些基础性综述类文献，可能会有 5 篇左右。第二步：查找英文综述论文。以"job-related stress""work stress""stress"以及"review""meta-analysis""development""history"等为关键词，可能会又找到 5 篇左右的文献。通过这两个步骤找到的中英文相关综述型文献会有 10 篇左右。第三步：按引用量进行排序。当对"工作压力"等相关关键词进行文献搜索的时候，按照"引用量"进行一个从高到低的排序，刨除我们之前找到的综述型文献，就能得到高引用量的实证类文献。这些实证类文献还可以划分成以下两类。第一类是定义类，即从研究主题的发展脉络来看，被高频引用的定义是在哪些文献中提出的，这些文献也会是核心文献的一部分。第二类是量表类，也就是现在主流的实证研究里面最常使用的量表一共有哪几个出处。与定义相关，量表也是有流派之分的，这样的量表类文献可能也会有 5 篇上下，而开发这些量表的原始文献也将是你的核心文献的一部分。截至这一步，我们已经找到的核心文献会在 40 篇左右。此时你会发现，按照引用量排序的前 50 篇文献中，不在已找到的这 40 篇文献中的有 20 篇左右，需要把它们也加入核心文献中。在这三步之后，我们就得到了 60~70 篇文献。第四步：在阅读过程中找文献。在阅读这几十篇文献的过程中，我们可以采用"滚雪球法"，又会在它们的引用中发现 20~30 篇有研读必要的文献。这四个步骤完成后，我们就能得到自己研究领域的百篇文献了（图 9 ）。

　　通过研读这百篇文献，在"工作压力"这个研究方向上面，有哪些研究空白，有哪些目前已经做到的，有哪些未来的展望，你对这些关键问题应该会非常清楚了。阅读百篇核心文献的目

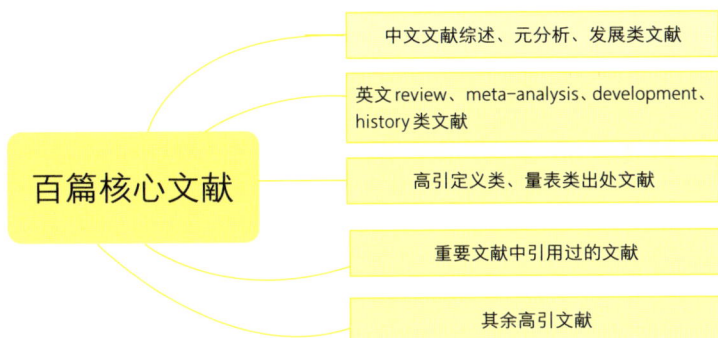

图9　百篇核心文献构成图

的，一方面是帮助你进行科研积累；另一方面，是让你能在脑海中绘制出这一研究领域的研究发展地图；此外，吃透这些核心文献后，你也会形成自己的"研究审美"，对于自己的研究思路和研究模型正不正确、好不好，都会有一个清晰的判断。

第2章

巧用思维导图阅读文献

文献管理并不是强迫症的盛宴，不能存完理清就结束了。文献输入到我们这里之后，重点是阅读和吸收。但我发现，不少同学一提到读文献就头疼不已。打开一篇文献，白底黑字也没什么图，看几眼就串行了，完全读不下去。在这一章，我们就来看一下如何拆分结构来了解文章。之后，也会分享一个我自己读文献的小技巧，帮助你更高效、更专注地阅读文献，让读文献的过程变得不再那么煎熬。这个技巧尤其适合核心文献的积累，虽说刚开始的时候有点耗时，但省去了一次又一次的返工，也算是一种笨拙的讨巧方法吧。

● **化整为零：读文献，从拆分文章的结构开始**

经常有同学抱怨说："中文文献读了下句忘上句，看了下段忘上段；英文文献更绝，每个单词都认识，凑在一起却不知道在说什么。"这其实是正常现象。学术论文中往往包含一些专业名词和概念，导致读的时候会卡顿。如果你在读文献的时候，上来就想逐字逐句、按部就班、从头到尾地去读，会发现有点难坚持下去。相对而言，比较务实的方法是先将一篇文献按照结构进行拆解，一部分一部分地按需要看个大概。这就要求大概知道论文的基本结构，做到了，后续阅读的时候就比较好定位了。

大家在初步接触自己学科的论文时，第一步也是要拆解一下结构，了解清楚基本的范式，日后读起来就会比较顺了。下面，我们就拆解一下一篇论文的结构。

科研论文的第一部分，是文章的标题、摘要和关键词，这是必看的部分。通过标题，你能大概知道这篇文章的研究主题是什么。比如，一篇由 Zhou 和 George（2001）合写的文章标题为 "When job dissatisfaction leads to creativity: Encouraging the expression of voice"，我们可以通过标题知道这篇文章主要是讲工作不满意、创造力及建言行为之间的关系。之后，是摘要部分。摘要是对整个研究的概括和总结，一般会包含研究主要做了什么、用了什么方法、得出了什么结果、有什么意义等几个部分的内容。摘要的下边是关键词，关键词的作用主要有两点：一是能够直接表明文章的主题，帮助读者判断文章是否是自己所需要的；二是建立文章索引，为后期文献的搜索服务。

接下来，是文章的主体部分，不同学科的文章主体构成可能会存在些许差异。以实证研究的论文为例，主体部分会包括引言、理论与研究假设、研究方法、研究结果、讨论，以及结论和参考文献。引言的作用是交代研究的背景，介绍当前研究主题发展到哪一步了，还有哪些问题没有解决，当前研究主要想解决什么问题，以及研究的意义表现在哪里。理论与研究假设部分，是回应引言的问题，聚焦于当前研究，详细阐述研究中涉及的变量之间的关系，提出研究假设。研究方法部分，主要说明如何对研究假设进行检验，包括样本来源及样本构成是什么，如何对变量进行测量等方面的内容。研究结果部分，主要对研究方法部分收集到的数据进行分析，验证研究假设。讨论部分，是整个研究的总结和升华，包括研究的结果是什么、研究的理论贡献有什么、对实践有什么作用，以及研究存在的局限和对未来研究的展望等。最后，是结论与参考文献部分。

在了解了一篇文章的结构之后，下边我们以 Zhou 和 George（2001）题为 "When job dissatisfaction leads to creativity: Encouraging the expression of voice" 的论文为例，看一下阅读文章的思路是什么，以及如何借用思维导图进行文献的略读和精读。

● 阅读文献的一个方法：思维导图辅助法

当打开一篇文献之后，第一步要做的，是判断一下这篇文章是否需要读（耗时 1 分钟左右）。如果需要读，下一步就是要判断是否需要精读（这个过程需要花费 5~10 分钟左右）。如何判断，要看标题和摘要。

摘要概括了整个研究的主要内容，所以需要多读两遍：第一遍了解大概的内容，第二遍把自己觉得重要的关键词标记出来。例如，Zhou 和 George（2001）这篇文章的摘要（图 1）就写得非常漂亮，研究背景、研究方法、研究对象、研究结论全部包含其中，没有一句废话。

This study focused on the conditions under which job dissatisfaction will lead to creativity as an expression of voice. We theorized that useful feedback from coworkers, coworker helping and support, and perceived organizational support for creativity would each interact with job dissatisfaction and continuance commitment (commitment motivated by necessity) to result in creativity. In a sample of 149 employees, as hypothesized, employees with high job dissatisfaction exhibited the highest creativity when continuance commitment was high and when (1) useful feedback from coworkers, or (2) coworker helping and support, or (3) perceived organizational support for creativity was high.[1]

图1　摘要示例

1　Zhou, J., and J. M. George. "When Job Dissatisfaction Leads to Creativity: Encouraging the Expression of Voice". *Academy of Management Journal*, vol. 44, no. 4, 2001, pp. 682–96, https://doi.org/10.2307/3069410.

在阅读摘要的过程中，除了标题中 job dissatisfaction 和 creativity 2 个关键词，还可以划出 continuance commitment、useful feedback from coworkers、coworker helping and support 和 perceived organizational support 4 个词组（图 1）。同时，读到这个地方，可以再去文章里找一下是否有模型图，如果没有，就把模型图画出来（图 2）。这样我们就可以留下一个印象，整篇文章都将围绕这 6 个研究变量的模型展开。

图2　研究模型图

完成了基本信息的获取，我们就可以决定一下对这篇文章是选择继续精读，还是止步于略读。基本的判断标准是，如果这篇文章有潜质进入你的"核心文献 100 篇"（见本书第一部分第 1 章），或者这篇文章有值得你继续学习的地方，比如文章本身内容不足以进入"核心文献 100 篇"，但是研究方法或写作技巧值得你反复琢磨，那就选择精读。不是的话，止步于略读即可。

　　下一步，借助思维导图工具（此处以macOS系统的MarginNote为例，Windows系统可参考功能类似的BookxNote），进行两种程度的精读展示：一个是30分钟的初级精读，另一个是2小时的进阶精读。目前市面上的免费思维导图工具非常多，使用逻辑类似。大家可以根据自己的喜好进行选择。

● 30分钟初级精读法宝：定位词＋关键句＋逻辑整合

　　对于初级精读的文章，我们可以先把思维导图的骨架，即我们需要获取信息的维度画出来，再慢慢往里填上答案。比如我们在标题里捕捉的研究主题，还有在摘要里找到的6个变量，都可以先填在相应的位置，同时把模型图画在这里。

　　接下来我们以"引言→假设→研究方法→研究结果"的顺序进行阅读。引言是一篇文章的精华。在扫读引言的时候，特别需要关注的是第一句和高频词，它们可以帮助你了解作者提出问题的背景，以及具体想要解决什么问题。此外，我们可以重点找一下作者对于核心变量的定义。理解了之后，可以把它加在思维导图里，以便后面忘掉的时候翻回来查看。

　　完成上面的步骤之后，我们就能直接跳到假设部分了，根据这个部分，可以非常直接地画出模型图。之后去研究方法部分抓取一下测量的样本和测量方法。然后跳到研究结果部分，完成逻辑整合，验证我们在一开始画出的模型图是否正确。

到这里，一份初级精读的成果——思维导图，就完成了（图3）！当我们大量阅读文献的时候，再也不用做"读完就忘，忘完再读"的"大怨种"了。想要回忆起这篇文献的内容，只需要再看一遍自己边读边做的思维导图笔记即可。这样可以避免低效率、重复性工作，节省时间。

● 2小时进阶精读良方：罗列＋归类＋复盘

相比较而言，进阶精读反而没有那么多的技巧，更需要我们稳扎稳打，静下心来逐段阅读。这两个程度的精读最大的不同在于，初级精读更关注研究的大概模式，而进阶精读还会对研究方法及过程本身，包括句子、内容等细节进行揣摩。

对于进阶精读，我们在上图的基础上，接下来的工作就是边读边做标记。MarginNote特别好的一点就是，当你高亮文本的时候，它会自动同步到思维导图上（图4），我们只需将重要的论点、句子等内容整理到对应的子主题下就好。这样当我们再次阅读的时候，就可以通过文本高亮颜色来拾取重点，也可以通过点击思维导图内容，直接定位到文章中的相应位置。

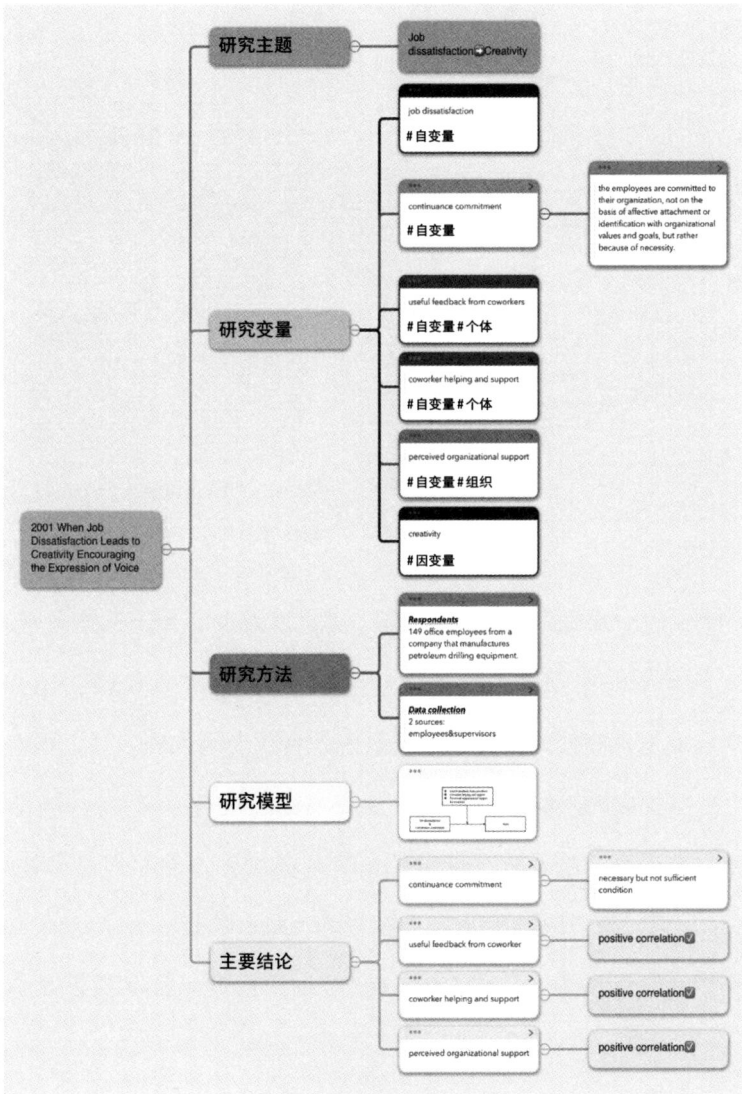

图3 文章整体思维导图

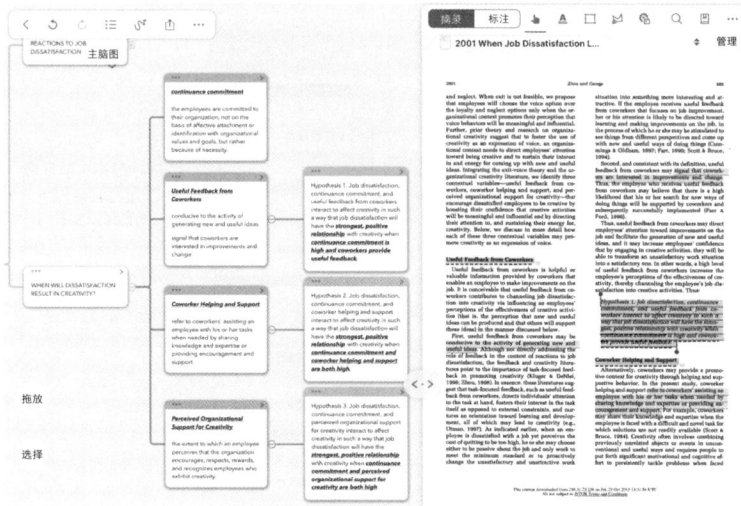

图4　文章内容同步于思维导图

经过一层又一层的归类之后，我们大致可以划出这些内容：

- 引言部分的研究背景、目的，各重要因素的定义，还有提出的假设；
- 研究方法及内容部分的研究对象是谁，问卷如何设计、发放，数据如何收集，测量的变量有哪些；
- 研究结果主要分析图表、数据、模型，验证假设是否成立；
- 在结论与展望部分总结主要结论、意义、创新点、目前研究的局限与未来发展方向。

整理记录，不仅可以方便后面的索引，还可以帮助大家在归类的过程中集中注意力，激发对文本内容的识别和思考，而不是单纯对着密密麻麻的 PDF 文档上的小黑字发呆。当然，做完思维导图，并不意味着我们的文献精读结束了，我们可以利用思维导图对文献进行一个复盘。具体来说，我们可以把思维导图缩回到最开始只有大标题的状态（图 5），对着标题去回想每一部分的内容，自己把文章的来龙去脉在脑子里过一遍，再一层层打开看有没有疏漏的地方。基本上，这样做一两遍以后，我们就能对整篇文献的思路有一定的认识了。之后再去查阅的时候，就不太会有那种"恍如初见"的感觉了。

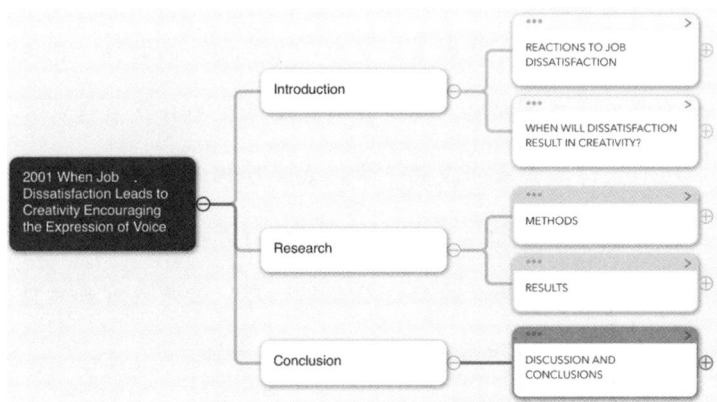

图5　文章思维导图初始大标题状态

学术新人试体验

研一新生小明，最近在跟文献各种较劲。不知道是不是没有找对方法，在文献阅读上，小明总觉得自己没有开窍。研究生刚入学，小明对于一切都感觉很新鲜，新的学校、新的老师、新的环境，让自己应接不暇。同时，他的内心充满担忧与恐惧。在没课的时候，小明同学时刻记着，要多阅读文献，有了足够的积累，才会对科研"有感觉"。

可是，他尝试了好多办法，都不能让自己在阅读文献的时候保持专注。他试过把文献打印出来，也试过把文献传到不同的电子设备上进行阅读，但总是没有耐心将一篇论文完完整整地读完，更不用说从中学到一些知识了。如果是英文论文，那读起来就更难受了。阅读的时候，他关注的不是句子的意思，而是在纠结文章里为什么有这么多单词不认识。如果一段读下去，太多单词不认识，他的心态就会变得不稳定，开始掏出手机，打开词典，一个词一个词地查中文意思。最后，虽然很忙碌，但是他有如狗熊掰棒子，一边读，一边查，一边忘，一边扔。

小明把自己的情况跟导师和同学们聊过后，发现是自己没有养成良好的阅读习惯。他开始学着不去逐字逐句地翻译英文，而是先从整体上拆分论文的结构。他开始不严格按照从前往后、一段一段的习惯阅读，而是先看标题、摘要和结论，然后再看自己觉得论文里边可以学到东西的地方。他开始学着筛选和分辨论文的质量，丢弃一些写得不怎么好或者自己学不来的文章。他也开始使用文献管理工具、思维导图软件做笔记，记录阅读的痕迹。

就这样，不知不觉间，小明阅读文献的速度提升了，也积累了不少文献阅读量。这些积累帮助他在看文献的过程中，把自己的思路与之前看过的文献进行连接。他在阅读文献的时候，甚至可能会自言自语道："这个观点，我在×××哪一年的文章中看到过……"此时，阅读文献对于小明来说，不再是一件烦心的事情了，小明又成功打败了科研道路上的一只"拦路虎"……

第 3 章

模仿式科研学习法：
你要的答案在文献里都找得到

选择哪种研究方法最合适？如何确定研究样本的数量？采用哪种数据收集方法？数据收回来应该进行哪些分析？分析结果应该以什么样的形式进行汇报？表格应该是什么样子，表线是否加粗？图应该怎么画？每个问题都足以让作为初学者的你手足无措、头疼不已。每当这时，你一般会怎么做呢？

大部分人可能觉得，应该有人教我。但事实上，科研的细节千千万，却没有一门课程会系统教学学习方法，也不会有导师手把手教你这些。这可能也是为什么很多人觉得科研难、科研孤独的原因之一吧。那么，该怎么办呢？

其实，你可能忽略了，几乎所有问题都可以在现有的文献中找到答案。文献才是学术人最好的教材！

● 何为有智慧地模仿？

模仿，是人类社会化过程的第一步，也是获取知识、掌握技能的重要手段。在学习书法或绘画时，我们往往要从临摹作品开始。在学习作文时，老师也会鼓励我们进行大量的阅读与仿写。模仿是一种能力，也是提升科研水平的一个重要途径。但这并不意味着每个人都能"有智慧地模仿"，下边就给大家介绍几个策略：

（1）认真甄别模仿对象。

我在读博士的时候，第一堂课上，老师就和我们说了这样一句话："Garbage in，garbage out。"意思是，如果输入的东西不够好，产出的东西也很难好起来。我们需要认真甄选模仿的对象。作为初学者，最保险和直接的方法是，选取本领域内顶级期刊上发表的研究进行模仿。一方面，发表在顶刊上的文章往往会经过更严格、更周密的同行评审，在这个过程中作者需要对容易引发疑问的地方不断地进行解释、修改，因此论文整体质量更高。另一方面，发表在顶刊上的文章所体现出来的，往往不是针对某一问题的单一贡献，而是对解决某一类关键问题的重要贡献，如将新的理论和视角引入某一研究领域，再如创造或完善了新的数据收集、分析方法等。因此，模仿顶刊文章的价值更大，从研究设计到研究呈现，从形式到内容，都具有很高的参考价值。

（2）精准定位模仿内容。

在模仿学习中，我们需要树立问题意识，选取与你想要解决的问题高度契合的内容进行模仿。例如，你在做有关员工创新绩效的研究，正处于设计实验阶段，想知道使用追踪问卷调查时，每两次问卷的间隔时间应该是几个月，以及每一轮问卷应该收集哪些变量。碰到类似问题时，其实你的第一个想法应该是很自信地认为，"文献里边肯定有，我去找找"，而不是"老师，你觉得呢"。然后陷入找不到老师或老师不回答的焦虑之中。那么，怎么找呢？你可以用"纵向研究""追踪研究""longitudinal study"和"longitudinal questionnaire"等为关键词进行文献检索，重点关注文章中"研究方法"和"Method"的章节。纵向研究设计的标准并不是统一的，有些研究的追踪轮数是两轮，有些是三轮，有些间隔两周，有些间隔一个月、一年甚至更久，每轮收集的变量根据轮数的不同也有所区别。因此，你需要对采用纵向研究方法的文章进行二次筛选，选取那些在研究主题、研究框架乃至研究变量上，和你的想法最为贴近的文章，对其共性规律和做法进行模仿，进而制定自己的研究方案。

（3）反思总结，改良创新。

模仿的过程不是简单照搬，而是一个思辨的过程。你需要对模仿的内容有深刻的认识与思考，才能够巧妙地、精确地应用到自己的研究和写作中。在模仿的过程中，可以根据自己研究的特点，以及所掌握的资源与能力进行调整。有时，由于各种条件的限制，我们无法复刻既往研究的精巧设计。但有时，我们可以弥补既往研究的局限之处，整合不同研究的优势，站在巨人的肩膀上再进一步。例如：在数据抽样方面，为规避问卷法中单一数据来源和横截面数据的局限性，我们可以将配对样本与多轮追踪问卷调研结合起来，通过多源多时点的数据收集减少共同方法偏差；在理论建构方面，我们也可以在模仿的基础上，通过深化原有机制、增加新的成分和整合相反观点等方式，增强理论的预测力和解释力。

● 如何有智慧地模仿？

在学习科研的过程中，不少同学对研究的大致程序有一定了解，但对于具体如何实施及一些细节总是拿不准，不知道该如何处理。下边我们就举个真实的例子，来给大家演示一下，如何有智慧地模仿。

学术新人试体验

学术新人小明正在筹备自己的第一次独立研究。他打算探究工作场所中，员工的正念水平是如何影响员工情绪，进而影响其行为的。通过阅读文献和一些学术研讨会资料，他了解到：体验抽样法（Experience Sampling Methods，ESM）是一种对同一调查对象进行密集、重复测量的数据收集方法，很适合分析个体在自然情境下的体验变化，主要适用于测量个体易受时间、情境因素的影响而产生变化的变量，如工作行为、工作投入、积极与消极情绪等。

小明感到很兴奋，他认为体验抽样法是一个很有趣的方法，而且似乎很适合自己的研究问题。但随之而来的是一连串的疑问：体验抽样法测量的变量得是容易产生变化的变量，那么自己想研究的个体正念水平会在一天里发生变化吗？早中晚会有显著差异吗？如果会，怎么去测量工作场所中个体的即时正念水平呢？在小明目前读到的文献中，经典的正念量表多达二三十题，而且题项的内容表述并不适用于每天测量。

幸运的是，已经掌握了模仿式学习思路的小明，并没有陷入无效的焦虑和停滞之中，也没有去直接找导师。他开始以"正念/Mindfulness"和"体验抽样法/Experience Sampling Method/ESM"等为关键词，搜索正念相关的文献。随即发现体验抽样法已经被引入正念研究中，而且研究显示，个体的正念水平会在短时间内发生变化。小明非常开心，这是一个里程碑式的发现，可以初步判定自己的思路是正确的，同时，自己后续开展实验设计的时候有可以参考的范本了。

随着继续深挖钻研，小明找到了一篇与自己的想法极为契合的研究，题为《基于体验抽样法的正念对工作—家庭增益的影响研究》，发表在中文顶刊《管理学报》上。为了在每天的时间跨度下测量工作场所中的个体正念水平，这篇文章对经典的正念量表进行了修订，长度仅为5道题，且有较高的信效度。这意味着，小明初期的几个问题都解决了。

遵循着这个思路，小明进一步进行查询，是不是自己研究中的所有变量都适用于体验抽样法，并且从不同的文章中为每个变量找到了适用的成熟量表。眼看就能进入数据收集阶段了，小明又遇到了几个棘手的问题：体验抽样法对研究样本的来源有什么要求？那些不会轻易变化的变量，如性别、年龄等要在什么时间收集？一共需要连续收集多少天的数据，每天需要几次？应该采用纸质问卷还是电子问卷？怎么保证问卷填写的时效性？

于是，除了参考《基于体验抽样法的正念对工作—家庭增益的影响研究》，小明又去找了几篇发表在顶刊上，采用体验抽样法研究但针对不同主题的文章。通过比较一些细节上的差异，以及分析这些差异背后的原因，总结体验抽样法设计和实施的共性规律，小明逐一找到了上述问题的答案。根据这些研究的范式设计，同样地，他选择了有固定工作时间、在调研期内正常上班的一线员工参与调研。同时模仿其他研究，将调研分为两个阶段——基线调研和每日调研。在基线调研中，他收集人口统计学变量和其他不易变化的变量。在一周后开始的每日调研中，他采用电子问卷在连续 10 个工作日内的 3 个固定的时间点向参与者发送问卷，并在问卷发出的半小时后通过微信定时提醒参与者及时填写。

搞明白这些之后，经历了设计完善实验、招募被试者等细节，小明终于收集到了宝贵的数据。此时，新的问题随之浮现：该如何整理和筛选数据？为了检验假设，需要对数据进行哪些分析工作？这些分析需要用到哪些软件？该如何呈现分析结果，需要汇报哪些指标？对于小明来说，这些问题让他很为难，但他并不会灰心丧气。因为，运用模仿式科研学习法的经历让他相信：这些问题都能够在文献中找到答案，而他需要做的，就是下功夫、有耐心地在文献中找答案……

除了辅助研究设计，模仿也能帮助初学者快速提升学术写作的语言逻辑。我将模仿式写作学习的过程比作"反剥洋葱"。首先，你应当精准定位自己研究的核心创新点，提醒自己在全文的行文中保持聚焦，这就是你的洋葱的"芯"。完成定位后，无论你的研究体现了哪一种类型的创新，都可以在自己领域的顶尖期刊中找到同属一种创新类型的文章。请注意，是创新类型基本一致，而不是研究主题完全相同。然后，找到2~3篇同你的创新类型最为契合且写得好的文章。在开始你的写作前，可以对这些文章进行拆解学习，分析它们是如何建造自己的"洋葱"的。

学术新人试体验

历经千辛万苦，小明终于完成了自己的正念研究数据收集与分析工作，开始了论文写作。在撰写文章的"讨论与分析"部分时，他遇到了一些困难。

他知道"讨论与分析"中的"理论贡献"部分是最能体现作者理论功底的，但他绞尽脑汁，也只是用一种方式复述了文章的假设和结果而已。他认为，运用体验抽样法探究日常工作中正念水平如何影响个体工作行为，以及从情绪方面揭示其内在机制，是自己研究的核心创新点。于是，他再次运用模仿式科研学习法，翻出那篇与自己的研究创新点最为接近的《基于体验抽样法的正念对工作—家庭增益的影响研究》（以下简称《基于》），开始认真研读。

他发现，《基于》这篇文章在讨论部分提出了5点理论贡献，每一点都聚焦在这一研究的不同侧面，但在逻辑上又彼此关联。于是，他认真地总结了这5点所要表达的核心意思：（1）将正念这一较新的构念引入结果变量所属的大的研究领域，充实了正念在该领域的应用；（2）扩充了对于结果变量的前因的研究；（3）在个体内层面，从中介变量的视角探究日常工作下正念影响结果变量的内部作用机制；（4）采用多层次分析探究上述关系的调节机制；（5）采用体验抽样法捕捉自然情境下的体验反馈。

总结之后，小明感觉豁然开朗，思路清晰了很多。于是，他结合自己研究的具体内容，根据这5点进行修改、丰富和延展，又补充了一些与之相关的文献作为自己观点的依据，出色地完成了理论意义的阐述。

在写作中，你可以将这些范本打开放在一边，当你笔墨停滞、思路打结的时候，再次阅读它们能帮助你重新获得灵感、厘清思路。为了节约你的时间和精力，我们根据"有智慧地模仿"这一核心思想，举例梳理了优秀论文构建语言逻辑的方法，你将在第三部分的第 1 章中读到这些内容。

第4章

导师口中的数据都藏在哪里？

在阅读文献的过程中，你会发现很多论文里，研究方法和研究结果部分占据了一篇文章不小的篇幅。那么，论文里呈现的那些数字是如何得到的呢？在这一章，我们就来谈一下学术人必备的技能——查找、收集和分析数据。

通常情况下，研究数据的获取方式可以分为两大类：一是通过各种渠道获取的数据，也叫作"二手数据"；二是学术人亲自上阵，结合多种数据收集方法（如实验室实验、问卷调查、质性研究等）获取的研究所需的数据，也被称为"一手数据"。下面，我将讲一下获取这两类数据的思路，并且举例说明这两种数据的优劣。

● 二手数据：唾手可得的幸福？

二手数据的获得，不需要自己亲自上阵收集，时间成本较低。对于二手数据的获取，难点在于找到合适且靠谱的数据来源。例如国家统计局网站、各省市统计局网站、行业协会官网及一些开放数据平台等，都是可以获取研究数据的来源。下边我以美国中年人健康和幸福感追踪研究数据库（MIDUS，Midlife in the United States）为例（图1），介绍一下如何使用开放数据开展研究。

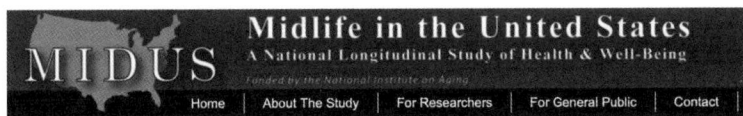

图1　MIDUS数据库官网

我们拿到一个二手数据的数据库，首先要看的是这个数据库数据的基本情况，比如数据收集的方法和流程、数据收集使用的研究工具（量表）等。这一部分是很关键的，决定了是否要尝试使用这个数据库中的数据。同时，这些信息也将被写入日后的论文里。我们来看一下这个MIDUS数据库，其中的数据收集共分为4个阶段，持续20年。在网站的"About The Study"部分，研究者可以了解该研究的目的、过程和内容。在"For Researchers"部分，可以下载该项研究的所有数据。下载完数据之后，你需要做的就是投入大量时间去琢磨这个研究，查阅相关文献，结合各种理论，加入自己的思考，重新整合数据。在这一过程中，你可能会慢慢地细化你的研究问题，提出具体假设，动态优化数据与你的研究问题之间的契合度，然后依托数据检验你的研究假设，解决研究问题。

从刚才的流程中，你应该也看出来了，尽管二手数据只需要你坐在电脑前面，动动手指即可拥有。但是，它也有天然的局限性，那就是你无法确保数据库是完全按照你的研究设想进行设置的，这就需要你在整合数据、连接研究问题与所获数据等方面多下功夫。

举个例子，Erik 和 Bethany（2021）[2]的研究，就使用了刚才提到的 MIDUS 数据库。这个研究想要探索工作需求与员工死亡率之间的关系。基于对 MIDUS 数据库的分析，研究者的假设得到了支持——工作需求会通过影响员工的生理和心理健康状况，进而增加员工死亡的可能性。工作需求、员工健康，以及各种工作特征是 MIDUS 研究中涉及的重要变量，两位学者通过对数据进行分析，检验了研究假设，丰富了工作场所中员工的工作特征与员工健康之间关系的研究。

● **一手数据：亲手制造的幸福？**

相比较而言，一手数据与你研究的契合度更高，但是它的

2　Gonzalez-Mulé，E.，& Cockburn，B. S. (2021). This job is (literally) killing me: A moderated-mediated model linking work characteristics to mortality. *Journal of Applied Psychology*，106(1)，140-151. https://doi. org/10.1037/apl0000501

获取过程相对艰辛。理工科研究中为获取数据所进行的实验，可能需要付出很多智力和体力劳动，与各种实验仪器、试剂打交道。对于社会科学来说，则需要以文化、产业、组织、群体、团体、个体等为对象进行研究，获取一手数据同样艰难，而且被试者招募甚至整个数据获取的过程也足以让一个课题组"伤筋动骨"。

各个学科的数据收集方法差异非常大，下边我带大家看两个我比较熟悉的社会科学常用的数据收集方法。大家从中领会一下数据的来源及科学的流程即可。

实验法

实验法是用来检验变量之间的因果关系时常用的研究方法。简单来讲，就是通过设置实验组和对照组的方式，控制自变量，对它们进行操纵，测量不同情况下因变量的取值，然后得出自变量和因变量之间的关系（图2）。

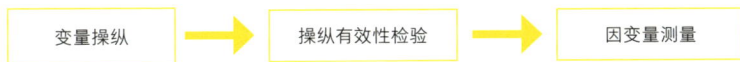

| 变量操纵 | → | 操纵有效性检验 | → | 因变量测量 |

图2　实验法流程和主要步骤

我们来看一个关于金钱的有趣例子。Zhou 等学者在 2010

年[3]发表在《心理科学》(*Psychological Science*)上的研究，通过设计实验，检验了金钱的能量。他们发现，金钱能够缓解人们因为遭受社会排斥而引起的社会苦恼（被同伴忽视或排斥），还能起到缓解个体生理疼痛的作用。听起来有趣吧？具体的实验流程如图 3 所示，我们来一起看看整个实验的设计。

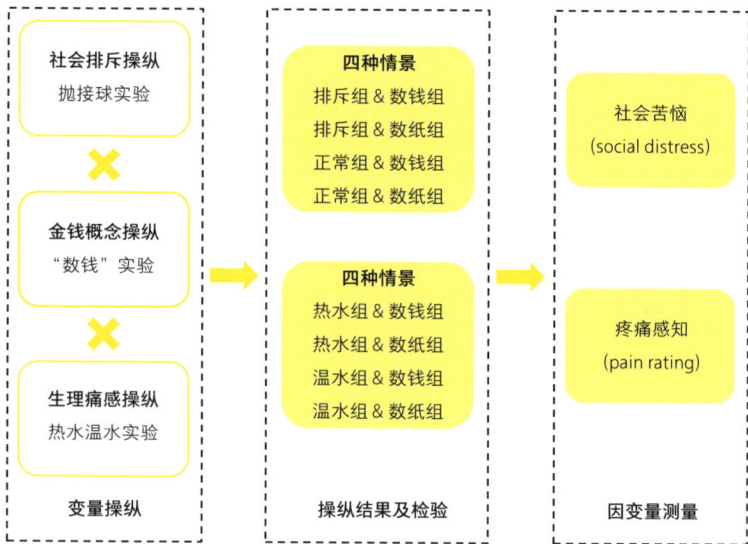

图3　金钱实验设计

首先，是实验条件的操纵。在这个研究中，有三个变量操

3　Zhou, X., Vohs, K. D., & Baumeister, R. F. (2010). The symbolic power of money reminders of money alter social distress and physical pain. *Psychological Science*, 20(6), 700-706.

控：一是"金钱概念"的启动，研究者会告诉参与者，实验的目的是测试手指灵活度，然后让一半的被试者数 80 张 100 元人民币，另外一半被试者数 80 张纸，由此标记金钱概念组和非金钱概念组；二是"社会排斥"的启动，通过电脑程序模拟抛接球游戏，被试者与两个虚拟角色进行游戏，被试者把球抛给虚拟角色后，球开始在两个虚拟角色之间传递，并且再也不会抛给被试者，由此操纵引起被试者被社会排斥的感觉；三是"生理痛感"的启动，这个操纵包括让被试者把手伸进温水和热水中两种情形。

之后，研究者会测量实验的操纵是否成功。一般是通过量表的方式测量不同条件下被试者对操纵程度的感知，看不同组被试者之间是否在操纵变量上存在差异。最后，测量因变量，即金钱概念对社会排斥及生理疼痛可能产生的影响。在这个研究中，作者特别关注了社会苦恼及感知到的疼痛这两个因变量。

调查问卷法

调查问卷法，是通过向被试者发放问卷，由被试者填写调查问卷而获取研究数据的方法。相对而言，调查问卷法看起来简单，但实际上也在不断与时俱进，发展出了多种形式。例如，早期的问卷研究采用横截面数据，也就是在一个时间点向被试者发放问卷，之后用收集到的研究数据对提出的假设进行检验。然而，由于该方式只能反应变量在某个时间点上表现出的关系，难以体现动态变化，无法推测因果关系，因此，这一方式逐渐被追踪问卷收集所取代。

追踪强调分多个时间点向同一组被试者发放问卷，所收集到的数据能够在一定程度上检验变量之间的动态变化或因果关系。例如，为了检验新员工比老员工更频繁地向他人寻求反馈这一假设，Ashford 等（1986）[4] 收集了员工的工龄和反馈寻求频率这两个变量的信息，通过检验它们之间的负相关关系来验证这一假设。之后的学者，Vandenberghe 等（2021）[5] 则采用追踪研究，检验工龄与员工反馈寻求频率之间的关系。具体来讲，他们分别在员工入职 3 个月、6 个月、9 个月和工作满 1 年这 4 个时间点，测量了员工的反馈寻求频率。他们的研究发现，随着工作年限的增长，员工的反馈寻求频率出现了递减的趋势，从而更准确地反映出工作年限与反馈寻求行为之间的动态变化关系。

---

4   Ashford, S. J. (1986). Feedback-Seeking in Individual Adaptation: A Resource Perspective. *Academy of Management Journal*, 29(3), 465–487. doi:10.5465/256219.

5   Vandenberghe, C., Landry, G., Bentein, K., Anseel, F., Mignonac, K., and Roussel, P. (2021). A Dynamic Model of the Effects of Feedback-Seeking Behavior and Organizational Commitment on Newcomer Turnover. *Journal of Management*. 47, 519–544. doi:10.1177/0149206319850621.

一次完整的调查问卷数据收集过程一般包含图4所示的几个步骤。

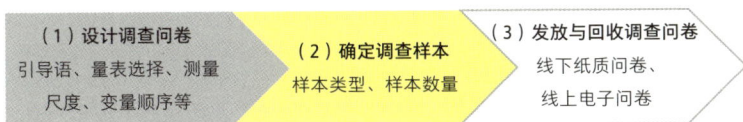

| （1）设计调查问卷
引导语、量表选择、测量
尺度、变量顺序等 | （2）确定调查样本
样本类型、样本数量 | （3）发放与回收调查问卷
线下纸质问卷、
线上电子问卷 |

图4　问卷调查法步骤

（1）设计调查问卷

调查问卷的设计包括问卷的引导语、问卷中的量表选择、测量的尺度选择、变量的排版顺序等方面（图5）。

在设计问卷的时候，有一些细节大家要注意：

◇问卷中需要避免使用叠加问题

比如："您认为管理学是一门科学，可以提升企业的运作效率吗？"这一问题其实就包含了两个叠加的问题，一是管理学是否是一门科学，二是管理学对提升企业运作效率的作用。

◇问卷的整体长度不宜过长

为了不给问卷填答者造成过大的负担，确保数据质量，应当控制问卷的整体长度。一般来说，填答时间不宜

员工工作满意度调查问卷

我们是xx研究机构的调查员,正在开展一项企业员工工作满意度的调查,目的是了解员工工作满意度现状并为工作满意度的提升提供建议。您的回答将帮助我们形成完善的研究报告。我们的调查采用不记名方式,研究数据只用作科学研究,不做任何商业用途。请您根据自己的实际情况和想法回答。

×× 研究机构

调查时间

（1）您的性别:

■ 男

■ 女

（2）您的年龄 ＿＿＿＿＿

请您根据自己的实际感受和体会,用下面3项描述对您的工作进行评价和判断,并在最符合的数字上划"√"。评价和判断的标准如下:1=非常不同意,2=不同意,3=不好确定,4=同意,5=非常同意。

1	我对目前的工作相当满意	1	2	3	4	5
2	在工作中我能找到真正的乐趣	1	2	3	4	5
3	我觉得我的工作让人愉快	1	2	3	4	5

......

感谢您参与本次问卷调研!

问卷标题

问卷引导语

一般包括:我们是谁,我们要调查什么,我们为什么进行这项调查,我们为什么找你做调查,我们的调查有什么用,我们的调查不会有损于被调查者的利益等方面的内容

人口统计学变量收集

包括性别、年龄、学历等

问卷指导语

告知参与者如何作答

测量量表

问卷实际测量的内容,可以包含测量多个变量的量表,但需要注意测量变量的顺序以及问卷的整体长度

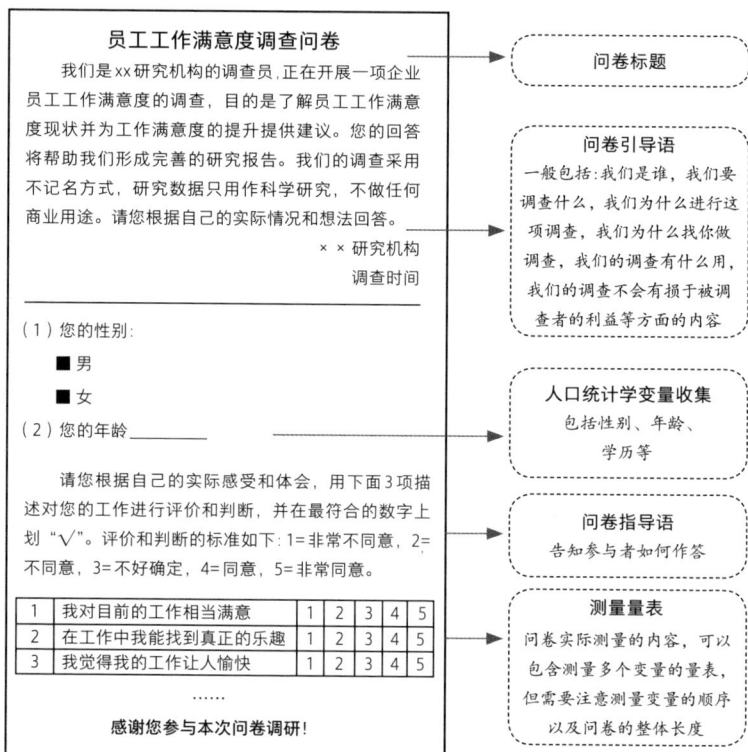

图5 调查问卷各组成部分示例

超过 30 分钟，最好控制在 15 分钟以内。在初步设计完成正式发放问卷前，你可以找对于研究背景不熟悉，需要阅读才能答题的人来填答一下，便于把控问卷长度。也可以在选择测量变量的量表时，尽量选择简短版本的。

◇如使用外语量表，需要注意翻译的质量和准确性

具体来说，研究者通常采用"翻译—回译"程序以提升翻译的质量和准确性。先由专业人员将外语量表翻译成汉语量表，再由另外一批人将汉语量表翻译成外语，最后对比校正原始与回译的两份外语量表之间是否有语意出入。

◇是否有配对或追踪数据的需求，如果有，那么需要考虑如何进行样本的识别与配对

当研究需要同时从两个来源获取数据时，比如需要领导者评价下属的绩效水平，也需要下属评价领导的行为和方式，要在领导者和相应的下属之间形成配对。那么，在发放问卷之前，可以先给二者配对，给他们提供一对编号，指引他们填在问卷上，以便回收后进行二者的匹配。

（2）确定调查样本

研究者需要选择合适的样本，并且确定样本的数量等细节。在选择问卷调查样本的时候，需要注意研究样本是否与研究问题相匹配。而在确定样本数量的时候，可以采用两种方法。第一种方法是根据公式 $n=(\frac{t\sigma}{\Delta})^2$ 进行预估。其中，n 为所需要的样本量，t 为可靠性指标（根据规定的显著性水平确定），σ 为样

本总体方差（通过试抽样进行估计或者根据查阅资料获取经验数据），△为允许绝对误差限（根据估计的精度进行计算）。举个例子，如果要求估计的精度不小于90%，概率保证为95%(即检验的显著性水平为0.05)，样本总体方差的估计值为0.7，那么，也就是说 $n=(\frac{t_{0.05}\sigma}{\triangle})^2=(\frac{1.96\times0.7}{0.1})^2\approx188$，在这样的情况下，至少需要188个样本。第二种方法是根据测量题目的数量进行粗略估计。估算依据为：对于正态分布的数据，样本量与测量题目的比例应该在5:1以上，并且最低样本量为100；对于非正态分布的数据，样本量与测量题目的比例应该在10:1以上，且最低样本量要求为100。例如，调查问卷中所有测量题目的数量为50个，那么至少要选取250个有效样本。还有一种讨巧的方法，就是看发表在顶刊上的类似你的模型的研究，可以去查一下大约的样本量的级别，照着学习就可以了。

（3）发放和回收调查问卷

研究者可以选择线下发放纸质版问卷或线上发放电子问卷，或者两种相结合的方式。同时建议，回收的方式和周期要尽量明确，这样也有助于提升回收比例。

第 5 章

巧用翻译和润色工具，助力英文写作

作为初窥门径的学术"小白"，除了文献能力、模仿能力和数据能力之外，最急需提升的就是论文的写作能力，尤其是英文论文的写作能力。而英文的写作，又分为两个比较大的程序，一个是写，一个是润色。

写的部分，我建议同学们直接用英文写作，逐渐在模仿中学习。但是在实际操作中，很多同学会采用"先用中文写完，再翻译成英文"的方式。在这一章，我将为英文写作方面有极大困难的同学推荐一些工具和方法，帮助大家弥补短板，争取时间，一边出活儿，一边提高直接用英文写作的能力。关于润色的部分，对于我们这些非英语母语的研究者来说，对写好的论文进行润色早已成为普遍的共识。目前市面上针对这方面需求，主要存在两种求助资源，一是大量免费的在线语法检查工具，二是专业提供英文润色服务的机构。那么这两种方式各有什么利弊，应该如何选择呢？在这一章中，我会和大家聊一下这些问题。

● **中译英神器：DeepL**

相较于大家熟知的百度翻译、谷歌翻译、有道翻译、微软必应翻译等翻译网站或软件，DeepL 翻译在使用方面是有可圈可点之处的。

我个人用下来后，感觉它的"中译英"结果"更像人话"。除了正常的软件下载之外，还可以直接使用网页版（图1）。

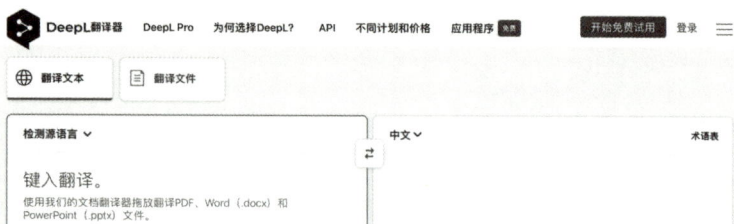

图1　DeepL 的网页版界面

我们以《心理学报》中《团队中信任形成的映象决策机制》这篇文章的摘要部分内容为例，用百度翻译、谷歌翻译和 DeepL 分别进行翻译做一个对比（图2）。

从翻译结果可以看出，像"日益注重"这种表达，百度翻译会直接译成"pays more and more attention to"，而谷歌翻译和 DeepL 会给出"has increasingly focused on"这种更加舒服的表达方式。

在中译英的过程中，还有一个小技巧在这里分享给大家：

（*文献来源：王重鸣，邓靖松. (2007). 团队中信任形成的映象决策机制. 心理学报，39(02)，321-327.）

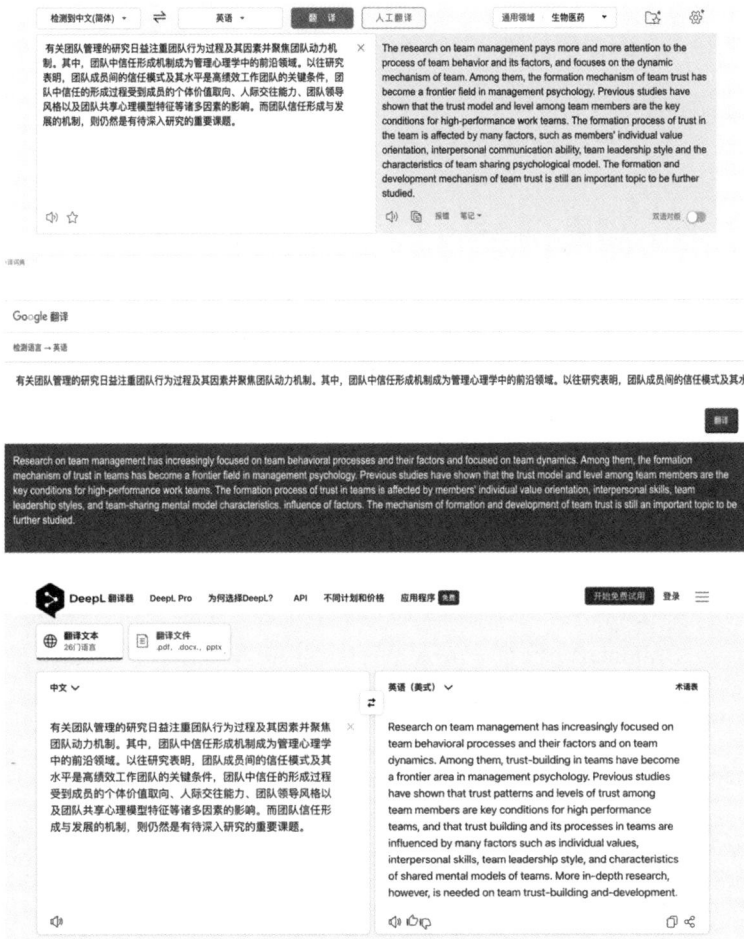

图2 不同翻译网站对比

如果不能一步到位直接进行英文写作，需要通过"先写中文再译英文"的模式，那么在中文写作的时候，大家可以尽量按照

"英文思维"去写，舍去不必要的、过多的铺垫，直入主题，表明观点，语言尽量简洁，少用长难句。这样可以有效提高后续翻译的准确性和文字的漂亮程度。

● 语言的进阶：润色校对

下面先介绍几个我目前使用比较多、功能比较强大的辅助写作和论文润色软件，大家可以有针对性地选择使用。

Grammarly 润色软件

首先就是 Grammarly，这是一款用来自动语法纠错的工具，可以直接在官网免费下载，也可以使用网页版复制文章内容粘贴或是上传文档进行语法检查。在论文完成后，可以将文章上传至 Grammarly 检查一遍是否有语法或拼写错误。图 2 中是 Grammarly 官网上给出的范例。我们可以看到，右侧的 Overall score（整体分数）部分显示，这一段话得了 61 分。鼠标点击分数部分，还可以进一步看到具体字数是多少、是否能被大多数人读懂、阅读时长大概是多久等信息。

Grammarly 的纠错大致分成四部分：图 2 中右侧红色的 Correctness 一般会标出拼写错误（spelling）（图 3）、标点符号错误（punctuation）（图 4）和语法时态错误（grammar）（图 5）等比较基础的问题，并会给出修改意见。下方蓝色的

Conciseness 是针对文章是否通顺，整句话的语法是否运用得当，是否清晰明了，给出修改意见（图 6）。

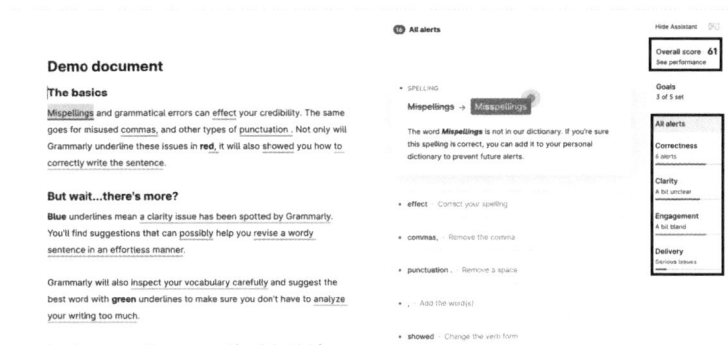

图2 Grammarly 的操作

图3 Grammarly 拼写错误示例

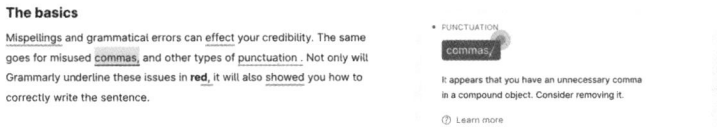

图4 Grammarly 标点符号示例

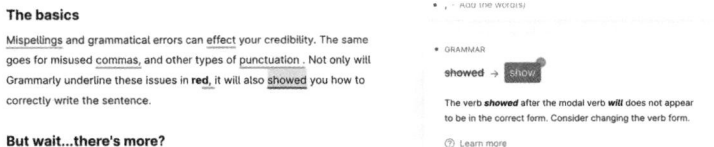

图5 Grammarly 语法时态示例

Blue underlines mean a clarity issue has been spotted by Grammarly.
You'll find suggestions that can possibly help you revise a wordy
sentence in an effortless manner.

Grammarly will also inspect your vocabulary carefully and suggest the

• CONCISENESS

effortlessly revise a wordy sentence

The phrase in an effortless manner may be considered wordy.
Consider changing the wording.

? Learn more

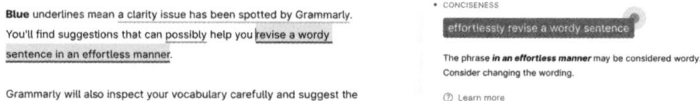

图6　Grammarly连贯性检查示例

此外，Grammarly 还会提供两种付费的修改：图 2 中右侧绿色的 Engagement 是对你所运用的词汇、短语提出的替换意见，紫色的 Delivery 会给你推荐一些俚语用法或者更加书面化的词汇。一般使用的话，这两种不是必需的，基本的修改建议就够用了。

QuillBot 润色软件

第二款 QuillBot 是一个好用的润色工具。它是通过人工智能技术，在保证意思不变的情况下，对所输入的内容进行润色重写。同样，QuillBot 有在线版，也有 Word 版（不过只支持 Windows 系统），还支持 Chrome 浏览器的插件。这个软件功能与 Grammarly 也较为相似，但将功能进行了细分，可以单独有针对性地进行操作。

它最具特色的功能是段落改述，能提供实用的修改提示和参考，对提高英文表述有一定的帮助。其次，QuillBot 还具备语法检查（字数不限）、查重等功能，比较适合润色、校对学术论文。如图 7 所示，在界面的右侧不同颜色代表着不同的替换原因：橙色为词语的替换，蓝色为同义词替换，黄色为结构替换。

使用 QuillBot 进行英文润色，一方面可以精确用词，对句子进行扩写或缩写；另一方面，可以通过调整单词顺序和语法运用，提升文章整体书写的专业性。

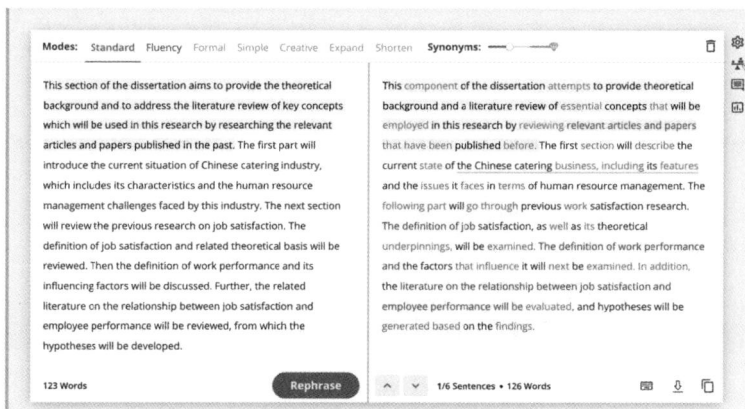

图7　QuillBot润色改写功能

此外，QuillBot 具有查重功能，能够自动识别论文中高度重复或相似的语句段落，并用不同的颜色进行标注。例如，深红色表示当前语句与其他文章完全一致，粉红色则是标注出重复语句中的细微不同之处。同时，右侧会给出重复部分对应的文章以及文字的重复比率，供作者参考修改。

Wordtune 润色网站

接下来，我再向大家推荐一个润色和改写方面的"宝藏网站"——Wordtune。这一网站的使用方法与上面类似，都是把需要翻译的内容复制到相应的文本框里，然后点击"Rewrite"即可。

虽然 Wordtune 的改写也有最大字数（280 个字）的限制，但是它的优势在于，每句话会为你提供 10 种不同的改写方式（图 8），你可以从中选择更能表达合适意思的版本。除此之外，Wordtune 也有扩写和缩写功能，可以根据心仪期刊的字数要求，适当地采用相应功能，然后再做修改。

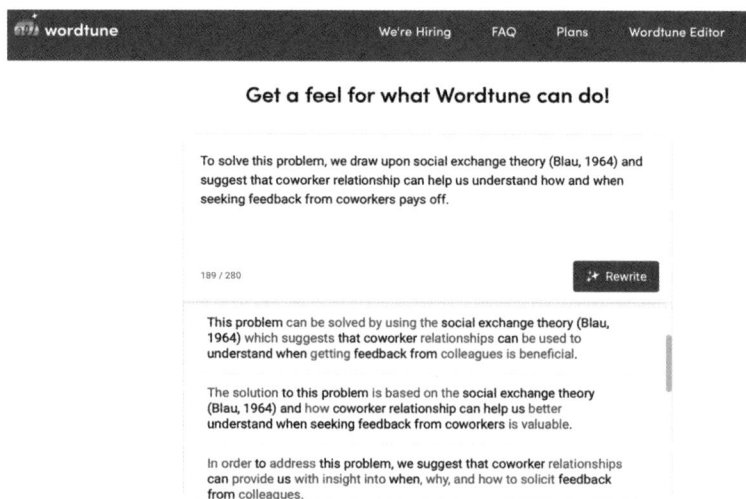

图8　Wordtune改写结果

　　总结来说，每种翻译工具都有它擅长的地方，也不可避免地存在一些固有劣势。你需要做的是，充分挖掘并利用它们的优势，联合使用不同的翻译工具，用自己的语言基础做出判断和修改，以达到最佳的翻译改写效果。比如，你可以使用 Grammarly 检查语法错误，然后结合 QuillBot 和 Wordtune 的改写方案来润色文章。关于这些工具使用的小技巧，你需要结合自己的习惯和偏好，不断练习和探索，形成属于自己的模式。

　　看到这里，你可能会问，这些都有局限，那是不是应该去找专业的润色服务机构，来做个人工润色服务呢？以我个人的经验来讲，一些简单的润色或校读服务其实并没有太大必要。完全可以用上边的这些工具去替代。其实有一些不严谨的机构提供的所谓"人工翻译服务"，也是用这些工具操作的，人工痕迹很轻，水平一言难尽。

　　其次，即便是深度人工润色，效果也很有限。因为这些润色者可能只是英文好，但是学术能力是否合格、内容理解乃至文献驾驭是否到位，都要打一个问号。目前，我看到过的最好的润色，还是英文写作好的同行合作者所做的修改。所以大家要正视这个问题，不要迷信英语本身，甚至不要迷信英语母语写作者这种优势。举个例子，我们的母语都是中文，但你觉得每个人都具备修改润色中文论文的能力吗？此外，就像我们这本书第二部分和第三部分所传递的信号：最体现水准的绝不在于语言，而在于逻辑和文献驾驭的能力。所以，作为预算有限的"学生党"，这个钱我认为可以不花。

学术新人试体验

研一暑假，小明打算偷偷"卷"一下，写出一篇英文论文。这是他第一次独立撰写英文论文。下笔之前，小明脑子里充满专属于新手的困惑：应该先写出中文草稿，然后翻译成英文，还是直接用英文写成初稿呢？用中文写作的话，可以不用顾虑英文的表达，思路更加流畅；而直接用英文写作，可以省去后期翻译的时间，但对自己来说太过困难。小明将自己的这些困惑与导师进行了讨论，导师给的意见是直接上手写英文。由于小明对自己的英文水平一直不自信，对英文写作甚至有些排斥，因此接下来的一段时间里，他一直被"我要直接写英文，我要写一篇几千字的英文文章"这样的想法所束缚，论文写作进展缓慢且痛苦。

导师了解到小明的纠结之后，鼓励他不妨试试"先中文再翻译"的方法，这样至少有一个开始，不会卡在第一步。小明首先用中文写完了论文的引言部分，并且请导师进行了修改。几轮修改之后，中文版的引言大致确定了下来。紧接着，小明开始了翻译工作。翻译的过程中，小明根据网上搜索到的经验，选用了一些大家比较推荐的翻译软件辅助翻译过程。他先用 DeepL 对文本进行了初步翻译，然后在此基础上进行了第一次加工。为了检查加工后的文本中是否存在语法方面的错误，又使用 Grammarly 进行了检查和修正。经过这两步后，虽然也形成了一版英文引言，但是小明总是觉得"味道"不对：大部分表达中残留着中式英语的痕迹，并且为了表达出中文原有的意思，有些翻译后的句子无比冗长，从而加大了阅读和理解的难度。

为此，他向同学们寻求建议，继续使用了 QuillBot 和 Wordtune，然后根据自己有限的英语水平，从润色工具推荐的几种表达中挑选出自己读起来顺口、看起来顺眼的版本。就这样，引言部分翻译好了，但是小明隐隐觉得，这一版翻译也没有达到他期待的水平。虽然"先中文，再英文"这样的策略可行，但是语言之间的差异导致有些部分的翻译显得复杂且拗口，不太符合学术写作的规范。小明把遇到的困难反映给了导师，导师给出的建议是去影响因子相对较高的期刊里下载文章，整理和收集里边好的表达，然后进行模仿写作。根据导师的建议，小明对引言部分进行了反复修改，一直到对写出来的引言基本满意为止。

经过这次曲折的中英文写作、翻译与修改的经历，小明对论文写作有了一些自己的感悟。他对导师最初的建议——"直接上手写英文"，有了更高的认同感。在反复修改文本的过程中，他意识到直接模仿好的期刊文章中的写作句式、写作结构与逻辑，是更加简洁高效的"直线式"写作方法。而写完中文再翻译成英文更像是"曲线救国式"的写作，由于中英文表达和文化之间的差异，在翻译过程中要将很多精力放到缩小两者之间的表达差异上。由此，小明下定决心，重新调整后边部分的写作策略，他要尝试直接进行英文写作，然后慢慢打败对英文写作的恐惧……

第6章

学生阶段最实用的时间管理法

无论是本科阶段，还是研究生阶段，时间管理都很重要，主要方法如图 1 所示。如何安排好自己的时间，合理分配有限的精力，提高单位时间的效率，也成了困扰很多同学的难题。我经常会看到一些同学，忙碌而又疲惫，但并没有达到什么效果，效率低又不出活儿，自己对自己万分不满意。日复一日，这样的状态很容易让人陷入自我怀疑和焦虑。

在这一章中，我给大家提供三个时间管理的思路和可上手实操的策略，帮助大家在吃苦的同时，办成事。

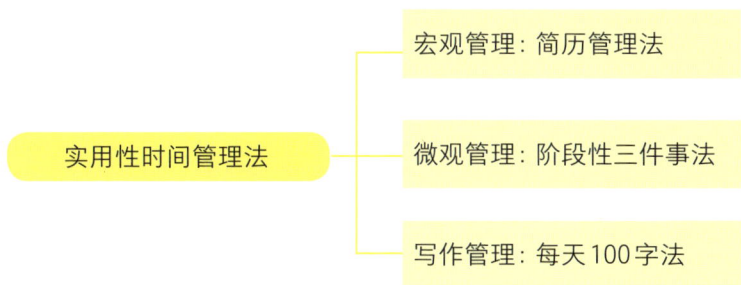

宏观管理：简历管理法

实用性时间管理法 —— 微观管理：阶段性三件事法

写作管理：每天100字法

图1 主要实用性时间管理法

● 宏观管理：简历管理法

第一个方法是简历管理法。首先要做的，就是给自己的未来进行一个设想，例如，去更好的学校读研，或是"考公考编"、进"大厂"实习工作，只要是毕业后你想达成的成就都可以。之后，将达成这个成就所需要的硬性条件列在自己的未来简历中。接着，给现在的自己写一份真实的简历，把你觉得能写到简历上的经历都列出来。最后，通过公式"毕业时的简历－现在的简历＝现阶段需要做的事情"得出答案。依照这样的方式，可以给自己的学习生活设立清晰的目标，极大程度减少你的无聊和不知所措，让你忙得更有方向。

> **毕业时的简历－现在的简历＝现阶段需要做的事情**

学术新人试体验

这里给大家举一个大学生小明的例子。大一第一学期刚刚结束，小明的大学生活无疑是丰富多彩的：他参加了三个感兴趣的社团，加入了学院的学生会，还当上了班里的文体委员。但每当闲下来的时候，小明都会觉得无所事事。每次看到一些公众号文章，说现在年轻人的焦虑、"内卷"，他更是会觉得有些茫然，这些东西好像离自己又远又近。他隐约觉得应该干点儿什么，但又不知从何下手。经过思考，他和各种活动中认识的学长学姐交流了自己的想法，同时花了几个月在网上研究职场及未来进入社会的生活。小明对将来有了一个简单的目标：找教职，当大学老师。

确立这个目标之后，他开始思索如何才能实现自己的职业目标，成为一名大学老师究竟需要具备什么样的条件。可惜的是，他的身边并没有能够给他提供建议的从事相关职业的朋友和家人。但很幸运，几乎所有大学的官网上都提供了老师们的详细简历。于是，小明仔仔细细地拜读了自己目标院校的老师的简历，尤其是那些新入职的青年教师的简历。他发现：自己目标大学的老师都至少拥有博士学位，并且就读于国内或国际名校，具有丰富的、有影响力的科研发表，参加过许多国内外权威学术会议。一些较有资历的老师还担任过多项国家级基金课题的主持人，同时承担着社会服务工作，例如某期刊的审稿人和编委会成员、某学会的主席或理事等。

通过研究大学老师的简历，小明真切地认知到自己与大学老师的距离还很远。首先，他必须获得一个来自名校的博士学位。显然，对于在国内高校就读的他来说，保送学术研究生或"直博"是一条捷径。为此，他必须取得名列前茅的学业成绩，赢得一些竞赛奖项，同时具备一定的科研经历甚至科研发表，才能凸显自己的学术潜力和竞争优势。优秀的学生工作无疑也能展示个人能力，但对于以科研为目标的他来说并不是主线。于是，他打算根据个人兴趣和特长，精简目前承担的学生工作，将更多的精力分配给科研学习与实践。同时，他在电脑中新建了一个名为"简历"的文档，用来记录自己求学过程中的"里程碑"。通过不断的成果积累，他相信这份简历会和他在大学网站上看到的越来越接近……

● 微观管理：阶段性三件事法

第二个方法就是给自己的学习生活划分阶段，比如以三个月或一个学期为一个阶段，然后给每个阶段确定最重要的三件事。之后，这一阶段的所有时间安排，都以这三件事为"主旋律"。

例如，步入大学之后，大家都会面对很多课程和任务，社团活动、课程安排、校外实践等各类事务会相互叠加，在这种情况下，很容易迷失其中，无法对时间进行合理规划，精力自然也会被打散。阶段性三件事法就是用来应对这种情况的。首先我们可以以一个学期为一个阶段，制定这个阶段中你最看重、最想完成的三件事情。对应细化到每天，就是将 80% 的精力放在这三件事上，围绕这三件事制定计划。如此一来，在这一阶段中你就会有自己的主线目标，这样在这个阶段结束之后，你就会小有收获，看到成果时，也会对自己有正向的激励。

学术新人试体验

刚刚升入大二的小明原本规律的生活突然被打破了：荣升为社团副社长之后，他需要组织各种形式的活动，而且新学年比上一学年多了两门选修课，此外，他还想和同学一起参加学科竞赛，争取名次……有限的时间不断被各种事务拉扯着。刚开学一个月，他每天都忙碌到凌晨，但回头一看，又隐约觉得自己似乎是在瞎忙。

反思之后，小明对自己的新学期重新进行了规划。此前，通过简历管理法，他确立了保研的基本目标。为此，他查阅了学院保研的相关政策条例，在众多需要完成的事情中，列出了这个学期最重要的三件事情：确保本学期课程平均分达到 85 分，申请本科生科研基金项目并争取拿到国家级立项，深入参与导师的科研项目。这三件事情不仅在保研的竞争中是分值较高的加分项，也能进一步帮助他积累科研经历，提升科研能力。

　　这三条主线一直贯穿着小明的大二生活，成了他第一学期的努力目标。在制定每天的计划时，小明也会将这三件事细化拆分。为了在课程中取得优异成绩，他努力保证课堂出勤率和平时作业的准确性，注重平时的学习积累和考试前的巩固复习。最终，尽管个别科目考试成绩不尽如人意，但平均分也顺利达到了 87 分。为了成功申请本科生科研基金，小明积极借鉴往届学长学姐的成功经验，在申请课题之前就花费大量时间阅读文献，寻找志同道合的同学组建自己的科研团队，最终发现了一个有趣的研究问题，并且获得了指导教师的认可。在老师的点拨下，小明的研究计划整体水平明显提升。最终，他一路过关斩将，取得了本科生科研项目基金的国家级立项。在参与科研项目方面，小明同科研导师建立起了积极联系，尽心尽力地帮助老师完成了许多工作。尽管有些任务很简单也很烦琐，但这个过程当中，他掌握了很多基本的科研技能并提升了认知，也让老师看到了他的潜力与责任心。于是，他开始逐渐在导师的课题中承担更为重要的任务。

　　正是在大二上学期这一阶段明确了自己的三条主线目标，小明给每天的学习、生活找到了方向，朝着自己保研的短期目标及成为大学老师的长期目标前进了一大步。

● 写作管理：每天100字法

最后一个方法是专门针对论文写作的每天100字法。这个方法的底层逻辑是用字数带动效率。写东西是每一个学术人最重要的事情，无论是写什么，每天都要有所产出。这个方法对于需要完成毕业论文或是论文发表的同学非常实用。举个例子，我们有90天的时间，想要完成一篇9000字的论文，那每天就需要完成100字，而你每天的事情就是由这100个字带动的，阅读文献也好，学习数据方法也罢，各种事情也会随之跟上。精力充沛的时候，可以完成较难攻克的部分；感觉疲惫的时候，就去完成制式内容。只要这样去积累，随着时间流逝，90天后你就会看到一个高质量的成品，3个月发论文也不再是空谈。

学术新人试体验

小明是一名大四学生，距离毕业论文开题还有3个月的时间。学校要求开题报告不少于10000字。但这对于小明而言是一个天文数字，他之前从来没写过这么长的学术类型的文章。起初，他十分紧张焦虑，甚至计划熬夜加班，想用3天的时间一鼓作气把报告赶出来。但是越紧张焦虑，越是一个字也写不出来，甚至一想到这件事就感觉很痛苦、很疲惫，每一天都会为前一天的低效率而感到懊悔。就这样，他既没有精力和心情做其他事情，也几乎没有让开题报告有任何进展，白白浪费了一周时间。

这时，他意识到，"一口吃成个胖子"的策略给他带来了太多的压力和内耗。他决定把大目标划分为一个个的小目标，循序渐进地实现自己的计划。每天只写200字，以字数带动效率，用50天的时间完成开题报告。在执行计划的第一天，小明就明显地感到了自己状态的不同。和往常不一样，他很快就整理出了当天写作所需的文献和资料，上午就完成了200字的写作任务。在那一天剩余的时间里，他复习了专业课程，参与了一个大作业的小组讨论，还去操场进行了体育锻炼，心满意足地睡了一个好觉。

为了持续地激励自己，小明在书桌前挂了一张日历。每完成一天的任务，就用红笔在当天的格子里打上"√"。有时，当他想要偷懒的时候，看到一连串醒目的"√"，就会马上调整状态，迎头赶上。对于小明而言，文献综述部分最让他头疼，因为这不仅涉及写作，还涉及大量文献的梳理与分析。所以，他有意识地在时间和精力最为充沛的日子攻克文献综述部分，而在状态不佳的时候完成一些较为轻松的部分。就这样，小明每天雷打不动地写 200 个字，积少成多，用 50 天顺利地完成了开题报告的写作。在这个过程中，他每天都过得很舒心、很充实，也没有影响其他的学习任务。

第二部分

论文全程攻略

第1章

同学，你听说过"三日选题法"吗？

完成论文是一个从无到有的过程，确定选题是第一步，好的选题对一篇论文来说至关重要。"万事开头难"，日常实践中，不少同学遇到的第一个问题就是：该写什么好呢？在选题上会反复纠结，将战线拉得很长。一问导师，导师说："去看看文献，你选一下。"然后就开始漫无目的地阅读和瞎选，挑花了眼，一会儿全都行，一会儿都不行，在左右摇摆中耗费了大量时间和情感，但从未真正上手去做。这种模式最终带来的可能不是精品，而是耐心耗完之后的糟粕。选累了，随便吧，手一指，就它了。一个重要的决定，就这么草草结束。最后选的题目既不是自己喜欢的，也不是容易的，而是心烦之后瞎选的。更可怕的是，这一系列"瞎操作"过后，还会得出一个导师和自己都挠头的结论：我不适合做科研。

那应该怎么办呢？选题这个部分，其实可以分为两步进行：第一步是定主题，也就是你核心研究的话题；第二步是根据所定的研究话题，拟出具体的研究题目。

　　在这一章中，我给同学们介绍一个定主题的思路：<mark>三日选题法</mark>。只给自己三天时间，快速定出一个主题来，不在这一步耗费太多精力。可能很多导师朋友会觉得离谱。但你可以耐心听我说一下逻辑：我的理念是，第一篇论文就是用来"学手艺"的，通过学生亲自上手，经历从 0 到 1 的过程，逐渐掌握做科学研究的全部工艺流程。所以，选题其实没那么重要。

　　卸下心防之后，想要输出一个好的选题，首先要做的就是输入，形成审美。简单来说，就是先要去看看所选定研究领域中的"好文献"，对优秀论文选题有一个初步印象：字数是多少，结构是怎样。举个例子，我们想要确定一个管理心理学领域的选题，首先要做的就是去概览最近三年领域内比较不错的刊物，例如《心理学报》《管理学报》《南开管理评论》《组织行为学学报》（*Journal of Organizational Behavior*）《应用心理学学报》（*Journal of Applied Psychology*）中的相关话题，通过这样的方式，对论文可能的题目有一个直观认知。之后再找到自己的兴趣点，在两者中寻求一个交叉点，敲定最终的论文选题。同时，自己的导师做得最多的话题也是选题过程中非常重要的参考要素。要知道，只有他熟悉的东西，他指导起来才更加得心应手。

　　在这一步要做到"火力全开"，只给自己三天时间，阅读想要涉及的研究方向的核心期刊，无须细读，概览即可。例如，你选择了"职场压力"这个方向，在之后就把时间用在查找和阅读职场压力的相关文献上，最后细化出一个具体的方向和题目。

● 查找文献的关键词思路

对所需文献的查找，可以遵循"确定关键词"的思路。

在确定好论文主题后，首先要做的就是提炼关键词（key words）。举个例子，如果你想研究"内卷"、压力大的问题，可以联想到的关键词有：压力、同侪压力、角色压力、焦虑、疲惫、倦怠、情绪耗竭、工作家庭冲突、竞争、社会比较、嫉妒、资质过剩、相对剥夺、孤独感、错失恐惧等。不难发现，关键词的联想越巧妙、越丰富，搜索出来的文献内容越有可能给你启发。

除了通过关键词检索到的文献，这些文献末尾的参考文献也可以作为文献阅读的来源之一。你可以通过这些文献，不断"滚雪球式"地扩充你的文献列表，再筛选查看其中和自己的研究方向相关的文献，然后按图索骥，继续这种链条性的阅读。

在检索到大量相关主题的文献后，可以用文献质量作为下一重筛选标准。如何对文献质量进行判断呢？文献的引用量及发表期刊索引就可以作为一个初步判断的标准。比如，英文文献是不是 SSCI、SCI 索引期刊，中文文献是不是 CSSCI、CSCD 或北大核心索引期刊等。以百度学术为例，当搜索到文献结果之后，你可以选择"按被引量"进行排序，并在左侧"核心"中选择知名度较高、权威性较高的索引期刊，进行阅读。

这里也给大家列出一些可以用来检索文献的网站，其中有大家很熟悉的知网、万方和一些国内的学术平台，用来查找中文文献，也有 Web of Science 这种专门用来查找外文文献的网站，很多网站是免费资源，供大家参考。

中国知网：https://www.cnki.net

万方数据：https://www.wanfangdata.com.cn/index.html

维普网：http://qikan.cqvip.com

百度学术：https://xueshu.baidu.com

国家哲学社会科学文献中心：http://ncpssd.org/index.aspx

全国图书馆参考咨询联盟：http://www.ucdrs.superlib.net

Open Access Library（OALib）：https://www.oalib.com

Google Scholar：https://scholar.google.com

Web of Science: https://www.webofscience.com

SCI-HUB：https://sci-hub.se（注：该网站2021年后发表的文献搜索为空白）

Library Genesis：https://librarygenesis.pro

ERIC：https://eric.ed.gov

关于细化选题方面，在这里再给大家推荐两个辅助工具：维普网（图1）和万方网（图2）的选题模块。

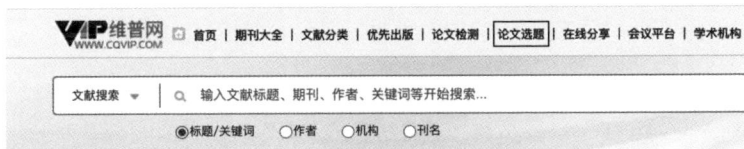

图1　维普网

图2　万方网

这里我们以维普网为例，给大家演示一下。当你在确定好自己大概的研究方向之后，可以在网站的"论文选题"模块输入这个关键词（此处以“职场压力”为例），并在下方的论文类型中，选择你所要完成的论文类型（图3），比如“毕业论文”。这时，网站会给出一些选题（图4），并会提供对应的参考文献（图5）。大家可以从这里获得一些启发，继续细化选题题目。

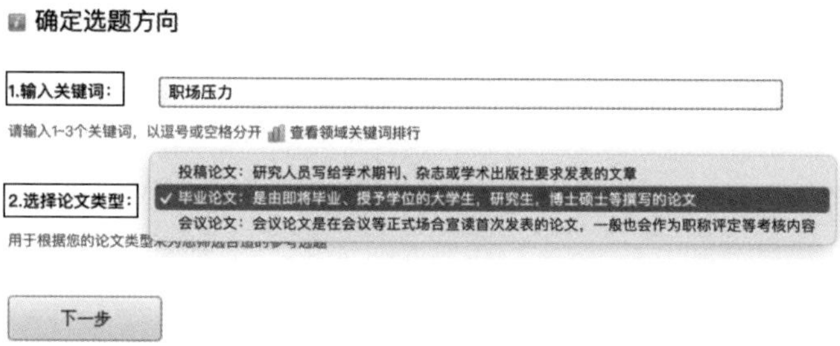

图3　选题方向与论文类型

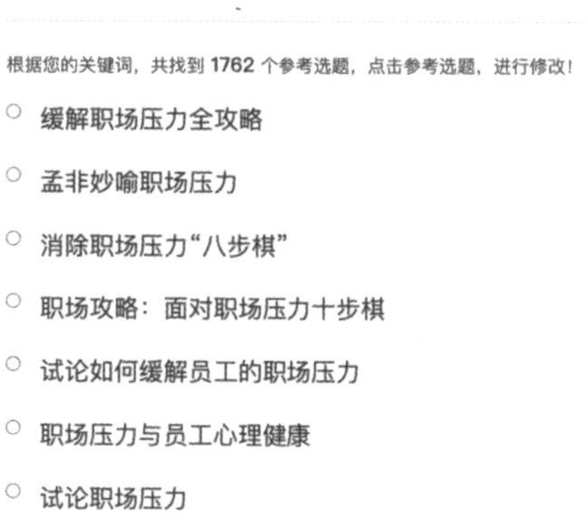

图4　推荐选题列表

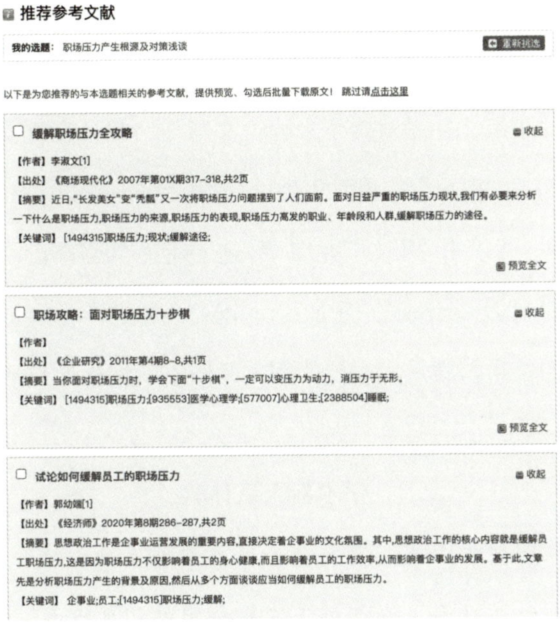

图5　推荐参考文献

● **善用综述型文献这个"王炸"工具**

如果想要快速、系统地了解一个研究选题，综述型文献是一个很好的开始。

一篇综述型文献会比较全面地介绍某一研究问题的研究工作进展，其中包含对问题的定义、对以往研究的总结，以及对文献中各种关系和矛盾的剖析。通过回顾以往的研究成果、分析存在的问题，综述型文献能够帮助大家对论文选题有一个清晰和系统的认识，具有很大的参考价值，从而节省时间和精力，也为大家在论文中文献综述这部分的撰写提供思路。所以说，找到适合自己的研究方向和论文选题的综述型文献，无论是对研究领域的整体了解，还是对接下来的论文写作，都具有重要意义。

那么，如何找到综述型文献呢？这里我们还是以"压力"这个话题为例，可以用"压力"叠加"综述"或者"元分析"为搜索词。英文的话就是"stress"叠加"review"或者"meta-analysis"。检索出的结果，就是你需要的相关话题下的综述型文献。

学术新人试体验

大四学生小明，需要在一周之内确定自己毕业论文的选题。一直以来，他都对工作场所中的"黑暗面"——不文明行为很感兴趣。尽管读过一些相关的文章，但他对于这个领域并没有全局性的认知，也不清楚具体在哪些方面存在研究空白。工作场所中的不文明行为如何界定？怎么和其他消极行为相区分？是剖析造成不文明行为的原因比较重要，还是探究不文明行为可能带来的各种后果，以及影响后果的各种情境因素更加亟须？

紧张的时间让他没有办法阅览每一篇文章。于是，他决定优先阅读发表在顶刊上的综述类文章和元分析文章。以中文"不文明行为""无礼行为"叠加"综述""元分析""研究述评"等关键词进行检索，同时以英文"workplace incivility"叠加"review""meta-analysis""research agenda"等关键词进行检索，小明找到了几篇非常具有启发性的综述文章。如发表在《管理学报》上的《工作场所无礼行为研究综述》，发表在《心理科学进展》上的《工作场所的不文明行为》和发表在《组织行为学学报》上的"Workplace incivility: A review of the literature and agenda for future research"等。

通过阅读这几篇文章，小明对于工作场所不文明行为的内涵、特点、与其他构念的关系和测量方法有了更清晰的理解。不仅如此，这些文章对不文明行为的前因变量、影响结果、发展路径，乃至受害者的应对策略都做出了详细的归纳和分析。这让小明更加直观地发现了领域里的已知和未知。更重要的是，每篇文章结尾的研究展望部分，都为小明的选题提供了很大的启发。例如，可以从个体内在特征的视角探究不文明行为的前因变量，如人格、情绪智力、领导风格等；也可以通过实验法或纵向设计，关注不文明行为的实施者与受害者在行为发生前后的关系的动态变化等。这让小明感到豁然开朗，心中的想法逐渐明晰……

第2章

10分钟学会写开题报告，看看还有谁不会

　　开题报告，是对研究课题进行说明的材料，是选题阶段的重要文字表现。如果说上一章的选题是过程，那么开题报告就是结果，是一个阶段性的产品。选题如果需要3天的话，开题报告的完成至少需要3个月，这期间涉及一系列的输入和输出。

　　开题报告存在的目的有两个：一方面，通过开题报告，开题者为评审者提供了一个书面依据，据此可以厘清研究思路，阐明已有的工作和本研究的意义；另一方面，开题报告能够为后续的研究工作提供具体的行动指南，它的质量直接影响到研究后续是否能够顺利进行。

　　一篇完整的开题报告，一般需要4000字左右。这其中有大致四分之三的内容会最终呈现在论文的终稿中（表1）。但是，在平时的教学活动中，我发现有相当一部分同学不知出于何种原因，做开题报告的时候"踩点"现象非常严重，许多同学都想着应付差事，觉得这一步也不查重，就抱着"走一步看一步"的想法，在这个阶段选择先糊弄过去再说。这种做法不仅浪费

了时间，还使得最终论文完稿时常常需要重新来过，相当于从0开始重新写几千字。基于此，强烈不建议同学们选择这个思路做开题报告。这是无数人的"血泪史"，切记，切记。

表1　开题报告与论文终稿可以共用的部分

开题报告	终稿
选题经过	前言
选题依据	选题背景、国内外文献综述
选题意义、理论和实践意义	选题意义
拟采用的研究方法	研究方法
论文撰写提纲	论文目录

具体地，本章将从制定时间计划和保证结构内容完整两个方面，对如何高效完成论文开题报告，提出相关参考性方法指导及建议。

● **字数带动效率**

效率低、拖延症、注意力不集中……对很多人来说，坐在电脑前准备写论文的那一刻，都会莫名地出现这一系列问题。我的学生中，不乏有人奉行"deadline（截止日期）是第一生产力"的原则，连续数晚，点灯熬油，通宵达旦，集中完成报告；也有一部分同学磨磨蹭蹭，拖到最后期限，伴随着失眠焦虑补写，甚至边哭边写，直到最终不得不申请延期。

我认为，人生有些苦是无法避免的，但有些苦是完全没必要吃的，比如上述痛苦，纯属自找苦吃，真的不建议如此折磨自己。对于开题报告的时间规划，我有个"独门秘方"。正如第一部分第 6 章的写作管理中所提到的，这个方法叫作"用字数带动效率"。这是我自己一直在践行的一个方法，推荐给我的学生们使用后也得到了不错的反馈。比起以"周"和"项"为计量单位安排所要完成的工作，以"天"和"字"为单位的计划会将任务量化得更加具体，同时保证张弛有度。

举个例子，一篇开题报告计划为 4000 字，距离截止日有40 天的时间，那么平均一天需要完成的字数是 100 字。将一份持续数十天、长达数千字的开题报告具体化到每一天，工作量就简简单单地变成了 100 字，听起来，肩上的担子是不是瞬间就轻了不少？那么在这之后，每一天的工作就要围绕着这 100个字的计划进行，任务目标达到的标准就是这 100 字内容的完成。一切的时间和事情也都以完成这 100 个字为核心，即用一个"100 字"的目标带动你一天的工作和效率。这一天的工作可以是查找阅读文献、梳理整合已有材料撰写研究背景，也可以是制作表格、收集整理数据，或搭建研究模型，具体内容你可以随心所欲地安排。心情好，就去"死磕"一些难的 100 字；心情差，就去完成一些容易的 100 字。既有硬标准，又有软弹

性，如此这般操作，我们就不用吃"截止日"的苦了，把人生
之苦的配额留给认知拉扯吧。

当然，这个方法不仅可以用在开题报告的撰写上，也可以
用在后续论文的写作上，用一个具体的字数带动工作，大家可
以试试看。

● 撰写开题报告

结构完整作为开题报告最基本的要求，是下一个需要我们
关注的重点。一篇完整的开题报告应该包含题目、选题依据、
选题意义、研究目标、研究内容及拟解决的关键问题、拟采用
的研究方法及可行性分析、研究的特色和创新之处、预期论文
进展、论文大纲，以及参考文献几个关键部分。表 2 就是开题
报告的一个内容范本，供大家参考。

表2　开题报告结构

论文题目	
	开题报告内容
选题依据及研究内容（国内外研究现状，初步设想及突破点；研究目标、预期成果及可行性论述等）	
选题意义	
论文撰写过程中拟采取的方法和手段	
论文撰写提纲	
计划进度及其内容	
参考文献	

论文的标题是点明论文所涉范围的第一个重要信息，也是整篇论文研究内容的高度概括，需要起到画龙点睛的作用。一个合格的标题，可以让阅读者从中看出文章的核心。开题答辩中，评审老师一般首先抛出的问题就是"标题不合适"。论文标题需要做到"精炼"和"完整"并存，用简洁的语言体现出研究的侧重点、研究对象以及所要解决的问题。这里推荐大家采取"主标题＋副标题"的形式。主标题部分需要体现出论文所要论证的问题；副标题作为补充说明，可以体现出你所采用的研究方法或具体研究对象。这里，我们给大家举几个例子：

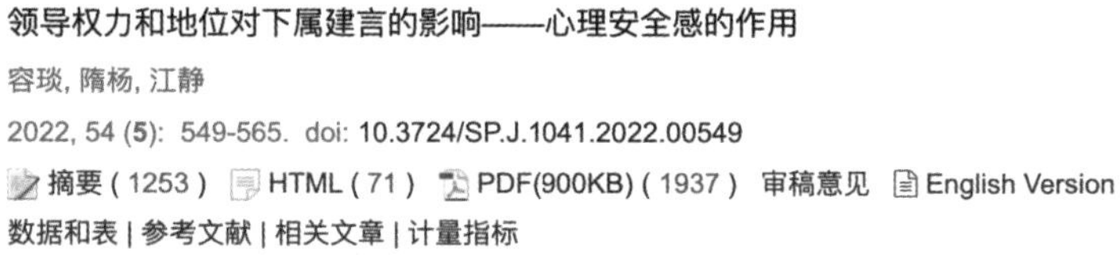

领导权力和地位对下属建言的影响——心理安全感的作用

容琰, 隋杨, 江静

2022, 54 (**5**): 549-565. doi: **10.3724/SP.J.1041.2022.00549**

📝 摘要 (1253)　📄 HTML (71)　📄 PDF(900KB) (1937)　审稿意见　📄 English Version

数据和表 | 参考文献 | 相关文章 | 计量指标

图 1　论文标题示例

（*文献来源:容琰, 隋杨, 江静. (2022). 领导权力和地位对下属建言的影响——心理安全感的作用. 心理学报. 54(5), 549-565.）

小学教师职业倦怠维度发展顺序探究——来自结构方程模型和交叉滞后网络分析模型的证据

谢敏, 李峰, 罗玉晗, 柯李, 王侠, 王耘

2022, 54 (**4**): 371-384. doi: **10.3724/SP.J.1041.2022.00371**

📝 摘要 (1619)　📄 HTML (152)　📄 PDF(5030KB) (2119)　审稿意见　📄 English Version

数据和表 | 参考文献 | 相关文章 | 计量指标

图 2　论文标题示例

（*文献来源:谢敏, 李峰, 罗玉晗, 柯李, 王侠, 王耘. (2022). 小学教师职业倦怠维度发展顺序探究——来自结构方程模型和交叉滞后网络分析模型的证据. 心理学报. 54(4), 371-384.）

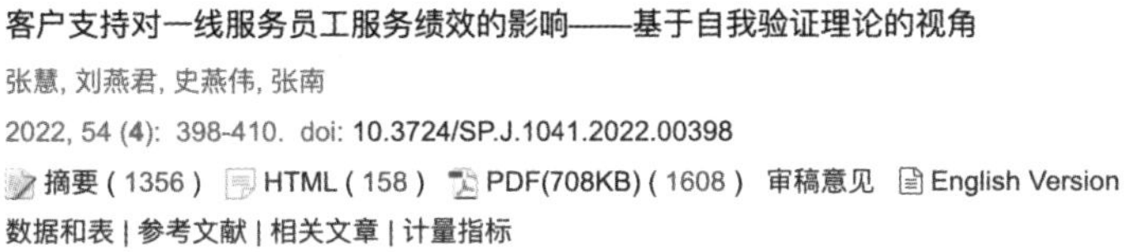

客户支持对一线服务员工服务绩效的影响——基于自我验证理论的视角

张慧, 刘燕君, 史燕伟, 张南

2022, 54 (**4**): 398-410. doi: **10.3724/SP.J.1041.2022.00398**

📄 摘要（1356）　📄 HTML（158）　📄 PDF(708KB)（1608）　审稿意见　📄 English Version

数据和表 | 参考文献 | 相关文章 | 计量指标

图3　论文标题示例

（＊文献来源：张慧，刘燕君，史燕伟，& 张南 . (2022). 客户支持对一线服务员工服务绩效的影响——基于自我验证
理论的视角 . 心理学报 . 54(4), 13.）

选题依据，作为开题报告正文的第一部分，实则就是一篇短小的研究动态综合评述。首先，需要说明选择进行这方面研究的原因和经过——在浩如烟海的研究方向和课题选择中，为什么这一个选题吸引了你的目光。紧接着，需要对国内外研究现状进行简要介绍，为学术对话"插好旗帜"，明确自己的研究是在哪个版图进行的，这个版图的现状是什么。

选题意义，可以分成理论意义和实践意义两方面进行叙述。在这部分中，需要说明研究可以解决怎样的理论研究缺陷，填补怎样的学术研究空白，解决怎样的现实问题。其后，还可以补充研究的初步设想和突破点以及关于论文可行性的论述。

拟采用的研究方法部分，需要列举在未来的研究中所采用的方法和手段，比如常用的文献研究法、实证分析法、案例分析法、问卷调查法等，并进行简要论述。这里需要注意的是不要堆叠，也不要认为方法越多越高级，这些都是误区。列出的所有研究方法都要有依据，合适才是最好的。

论文提纲的撰写，推荐大家两种方法：标题法和短句法。标题法，就是以简洁的小标题将论文的整体框架支撑起来。这种方式类似于我们最终形成的目录，每部分的内容一目了然，但这种方法也存在一个弊端：自己能理解，别人难会意，而且时间长了，自己也有忘记标题所指内容的可能性。短句法，则是使用一个完整的句子，概括出每一部分的内容。这种方式更加具体明确，但在后续论文开展的时候，也可能出现主线结构不清晰的情况。因此，大家也可以考虑将两种方法进行融合，即在小标题下用简短的句子写明基本思路。这样的话，就可以做到既有清晰的骨干，又有简洁的血肉。

计划进度及其内容部分就是一个简单的时间线。从确定研究方向、文献资料搜集、完成论文开题、确定论文理论框架到数据搜集模型搭建、完成初稿、修改，再到最终的定稿答辩，以时间段的形式具体到月份即可（表3）。一个清晰的时间线，一方面能够帮你有效把握未来写论文的进度，整个过程中以"周"或"月"为时间周期，你可以对其间的主要任务进行梳理、总结，并与导师在固定的时间进行充分沟通，这种做法可以达到事半功倍的效果；另一方面，能将论文整体进程的时间线细化成阶段，确保在论文撰写过程中阶段性目标的完成和实现，帮助你做到心中有数，最终顺利完成毕业论文。

表3　开题报告研究计划示例

计划进度及其内容	2023年1月到3月，撰写开题报告，参加开题答辩。 2023年4月到6月，修改完善研究模型和实验设计，进一步查阅文献，完善文献综述。 2023年7月到9月，收集分析数据，根据分析结果开始撰写论文。 2023年10月到12月，撰写论文，完成初稿。 2024年1月到2月，听取导师意见，修改完善论文。 2024年3月到4月，确定终稿，准备必要材料，为毕业答辩等做准备。 2024年5月到6月，毕业答辩。

　　最后的参考文献部分，是将开题报告撰写过程中所用到或查阅到的文献进行一个简单的整合。这部分要注意格式的规范性，具体方法可以参考第二部分第7章。以上是一些基础的要素，根据这些要素，在开题报告完成的过程中可以通过搭建架构的方式写出一个提纲，后续只需要根据提纲填充内容就可以了。

第 3 章

往上堆就行？
不，文献综述直接决定你的论文档次

在与学生交流的过程中，我发现文献综述是大家在确定选题之后的又一只"拦路虎"。在对选题相关研究领域的文献进行阅读和理解的基础上，文献综述的工作是对这些论文进行归纳整理、综合分析和评论思考。我们首先要明确的就是，文献综述是分"综"和"述"两部分。"综"是要求对我们所阅读的大量文献进行整理归纳，使其更有逻辑层次；"述"则提出了更高的要求，需要大家对整理后的文献进行比较系统、全面、深入的论述，并且提出自己的观点。很多同学容易出现的问题就是只"综"不"述"，只是简短地复制粘贴，堆砌罗列所读过的文献，这是不合格的。下面我们就来聊聊，作为论文重要组成部分的文献综述到底应该怎么写。

● 搭建文献综述框架

搭建文献综述框架，一般有两种比较常见的方法。第一种是以国内外为划分维度，分别阐述国内、国外的文献研究。这种框架比较好理解，相对容易操作，也是大家在学位论文中最常采用的方法。但我本人并不是非常认可这种用语言割裂文献的粗暴分类方法。而且，在一些进阶版的文献综述中，比如学者们在申请国家自然科学基金的时候，一般也不会用这种方法去阐述研究背景。

第二种是关键词拆分法。你的选题题目往往会包含几个关键词，那么在文献综述部分就可以对这几个关键词和它们之间的关系研究，分别进行综述。我们以《心理学报》的一篇文章《共情关怀对公平决策的影响——来自 ERP 的证据》[6] 为例。题目中很明显有两大关键词："公平决策"和"共情关怀"。那么在文献综述中，需要首先对"公平决策"的相关文献进行综述，紧接着是对"共情关怀"给出相关综述，最后对两者之间影响关系研究的相关文献进行综述。这样可以直接将国内外相关观点放在一起，以不同的关键词进行划分。

● 基础的文献搜集和阅读

有关文献查找和阅读的方法，我们在之前也有介绍。这部分主要和大家强调一下，在文献综述中要尽量采用较为权威的

6　何怡娟，胡馨木，买晓琴 . 共情关怀对公平决策的影响——来自 ERP 的证据 [J]. *心理学报* ,2022,54(04):385-397.

国内外期刊书籍，这类文献品质会更高一些。

在对文献进行梳理的时候，摘要和结论部分就能基本涵盖我们所需要的信息。对于所要引用的文献，我们重点要了解三点：一是研究背景，有助于我们理解研究开展的原因和动机；二是研究方法，可以让我们对论文的理解更加深入；三是研究结论，作者研究的结果将会是我们文献综述部分重点引用的内容。

这里推荐给大家一个网站：PAPER DIGEST（https://www.paperdigest.org/，图1）。点击"Literature Review"（文献综述）选项后，你可以设定文献的发表时间和论文关键词（图2），网站随后会给出10篇相关文献作品（图3）。它还有一个实用的功能，就是可以将上边选出的文献以文献综述的形式给出一个非常粗糙的小结，方便放在一起阅读思考。

图1　**PAPER DIGEST主页**

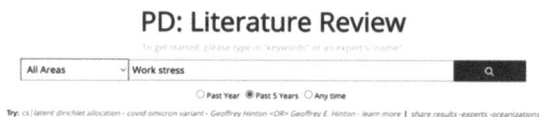

图2　**PAPER DIGEST 文献综述搜索页面**

Related Work

[1] Jeffrey H. Greenhaus; Saroj Parasuraman; *"A Work-Nonwork Interactive Perspective of Stress and Its Consequences"*, **JOURNAL OF ORGANIZATIONAL BEHAVIOR MANAGEMENT, 1987.** (IF: 5)
[2] Eileen Berlin Ray; Katherine I. Miller; *"Social Support, Home/Work Stress, and Burnout: Who Can Help?"*, **THE JOURNAL OF APPLIED BEHAVIORAL SCIENCE, 1994.** (IF: 5)
[3] Leon Grunberg; Sarah Moore; Edward S. Greenberg; *"Work Stress and Problem Alcohol Behavior: A Test of The Spillover Model"*, **JOURNAL OF ORGANIZATIONAL BEHAVIOR, 1998.** (IF: 4)
[4] J Wardle; A Steptoe; G Oliver; Z Lipsey; *"Stress, Dietary Restraint and Food Intake"*, **JOURNAL OF PSYCHOSOMATIC RESEARCH, 2000.** (IF: 6)
[5] Ulf Lundberg; *"Psychophysiology of Work: Stress, Gender, Endocrine Response, and Work-related Upper Extremity Disorders"*, **AMERICAN JOURNAL OF INDUSTRIAL MEDICINE, 2002.** (IF: 5)
[6] James Campbell Quick; Lois E. Tetrick; *"Handbook of Occupational Health Psychology"*, 2003. (IF: 8)
[7] Holly Bell; Shanti Kulkarni; Lisa E. Dalton; *"Organizational Prevention of Vicarious Trauma"*, **FAMILIES IN SOCIETY: THE JOURNAL OF CONTEMPORARY SOCIAL SERVICES, 2003.** (IF: 5)
[8] Maureen F. Dollard; Anthony H. Winefield; Helen R. Winefield; *"Occupational Stress in The Service Professions"*, 2003. (IF: 5)
[9] Tarani Chandola; Annie Britton; Eric Brunner; Harry Hemingway; Marek Malik; Meena Kumari; Ellena Badrick; Mika Kivimaki; Michael Marmot; *"Work Stress and Coronary Heart Disease: What Are The Mechanisms?"*, **EUROPEAN HEART JOURNAL, 2008.** (IF: 7)
[10] Robyn R.M. Gershon; Briana Barocas; Allison N. Canton; Xianbin Li; David Vlahov; *"Mental, Physical, and Behavioral Outcomes Associated With Perceived Work Stress in Police Officers"*, **CRIMINAL JUSTICE AND BEHAVIOR, 2009.** (IF: 6)

图3　PAPER DIGEST搜索结果

● 力求"综"和"述"的逻辑性

"综"，即集"百家"之言，综合分析整理。关于"综"的部分，有一些同学会陷入堆叠的陷阱，可能是为了凑字数，可能是为了向评阅人展示自己的海量阅读成果，也可能是不舍得放弃任何一篇自己悉心研读的文献，最终毫无逻辑地堆砌一气。其实在这一部分中，只需要引用具有代表性的文献即可。

这里推荐给大家两种撰写方式：时间法和观点法。时间法，顾名思义是依照时间脉络的逻辑顺序撰写，能够清晰看出所研究选题的历史演变、研究现状、未来趋势，方便做出纵向描述。这种方式更具有层次感，可以清楚地了解研究选题的来龙去脉，也能直观地体现出后续文献对前人所做研究从观点、研究方法、研究内容等方面进行的演进。

举个例子：

　　"二元工作压力模型最初由 Cavanaugh 等人 (2000) 提出，将工作压力根据性质及其效果分为挑战性压力和阻碍性压力。其中挑战性压力是一种与挑战性的工作要求相关的压力，这类压力更多与工作要求或工作环境相关；阻碍性压力是一种阻碍个体能力发展和价值实现的压力，这类工作压力往往与工作内容不相关。Rodell 和 Judge (2009) 在挑战性——阻碍性二元压力模型的基础上，对挑战性压力与阻碍性压力进一步细分，认为挑战性压力主要包括工作负荷、时间压力、工作复杂性以及工作职责，这类压力能够更多的带给员工收获与成长；而阻碍性压力则主要包括繁文缛节、角色模糊、角色冲突和工作困扰等，这类压力更多的阻碍了员工的收获与成长。"

　　（* 文献来源：王佳燕，蓝媛美，李超平 .（2022）.二元工作压力与员工创新关系的元分析 .心理科学进展，30（4），761–780）

　　由引文可以得出，2009 年 Rodell 和 Judge 的研究是在 2000 年 Cavanaugh 等人提出的模型上进行进一步细分的。用时间法更容易看出当前的研究相较已有研究有哪些创新之处。

　　还有一种撰写方式是观点法，就是以不同见解、观点进行划分。这是更为常用的一种方法。面对同一个问题，你所搜集到的文献可能会有不同甚至是完全对立的观点。将拥有相同观点的不同文献整合，用观点汇聚文献，不失为一个很好的逻辑。

语言上一般可以采用两种方式。一是将文献作者作为主语，如"某人（年份）的研究表明"。例如："黄斌等人（2015）研究表明挑战性压力对积极情感具有直接效应，而阻碍性压力则产生了相反的效应，积极情感能够促进创造力的提升，而创造力也会促使积极情感产生。"[7]

二是以文献中的研究事实观点为主语，说明当前研究中很多学者持有怎样的观点，再将具体的作者年份放于观点内容之后。例如："当前研究中，研究者多从过程角度来界定创新，认为个体创新是指员工在工作中产生、推广及实施创新想法的过程（刘智强 等，2015；Zhou & George，2001；Scott & Bruce，1994），此次研究重点关注个体层面的创新实证研究。"[8]

写文献综述，最忌讳停留在"总结陈述"的初级阶段。因为这样即便是有一定的系统性，充其量也只是在罗列和小结他人观点。"述"，即结合现有文献的观点和实践经验，对其中的观点、结论进行叙述和评论。关于这方面，我们可以从两个方

7　文献来源：王佳燕，蓝媛美，李超平 .（2022）. 二元工作压力与员工创新关系的元分析 . *心理科学进展*，30（4），761–780.
8　文献来源：王佳燕，蓝媛美，李超平 .（2022）. 二元工作压力与员工创新关系的元分析 . *心理科学进展*，30（4），761–780.

向去执行，那就是重要性和创新性。

选题研究的重要性从"综"的部分就能看出——以往有很多文献都在研究这部分问题。从这个角度来说明，足以证明你的论文选题是在学术界受到关注的，在理论和实践中是具有重要意义的。

创新性则需要对现有研究进行反思性评价。你认为它们存在一定不足，比如：影响因素考虑得不全面、不够妥当，研究领域内存在空白之处等。就像在《反馈对自我欺骗的影响：来自 ERP 的证据》一文中，作者明确指出在之前的研究中，存在不一致的结论和过于单一的变量等问题，而对于这些问题的探讨和解决，正是本文的创新点所在：

> "这些不一致的结论无法使学者们在对自我欺骗的研究中得到统一的参照。此外，过于单一的变量使我们无法从整体角度理解个体对自我欺骗的加工。因此，自我欺骗的研究者不仅需要寻求稳定的研究结果，而且也需要不断采用更加全面整体的研究角度展开对自我欺骗的探索。"

（＊文献来源：范伟，任梦梦，张文洁，＆ 钟毅平 . (2022). 反馈对自我欺骗的影响：来自 ERP 的证据 . 心理学报，54(5)，481—496.）

第4章

一针见血，写出让评审第一眼就看重的摘要、关键词和结论

论文的摘要、关键词和结论都属于拿到论文后第一眼关注的焦点。本章将对这三部分的结构内容进行逐一拆分。同时需要注意的是，根据《科学技术报告、学位论文和学术论文的编写格式》（GB/T7713—1987）中的要求，摘要和关键词部分均需要进行中英对照，英文摘要不宜超过 250 词。对于英文写作有困难的同学，可以参考第一部分第 5 章的翻译方法辅助完成。

● 论文的门面：摘要

论文的摘要，也可以理解成文章的内容提要，独立成段，置于论文标题的下方。国际标准化组织（ISO）在 ISO 214-1976（E）中把摘要定义为"对文献内容的准确扼要而不加注释或评论的简略叙述，无论作者是谁，对此均不应有所不同"。一般来说，摘要是一篇论文的灵魂和高度浓缩，格式和内容相对固定，篇幅一般为 200~300 字左右，是一个完整的独立段落。

● 论文摘要四要素

通常来讲，在摘要部分需要至少包含四大要素：研究主题或导言，研究内容，研究方法和研究结果。我们以 *"When putting work off pays off: The curvilinear relationship between procrastination and creativity"* [9] 这篇文献的摘要为例，给大家做一个结构的拆分和讲解。

"Although it is widely assumed that procrastination is counterproductive, delaying task progress may have hidden benefits for creativity. Drawing on theories of incubation, we propose that moderate procrastination can foster creativity when employees have the intrinsic motivation and opportunity to generate new ideas. In two experiments in the United States, we tempted participants to engage in varying degrees of procrastination by making different numbers of funny YouTube videos easily accessible while they were supposed to be solving business problems. Participants generated more creative ideas in the moderate rather than low or high procrastination

9 文献来源：Shin，J.，& Grant，A. M. (2021). When putting work off pays off: The curvilinear relationship between procrastination and creativity. *Academy of Management Journal*，64(3)，772–798.

conditions. This curvilinear effect was partially mediated by problem restructuring and the activation of new knowledge. We constructively replicated and extended the curvilinear effect in a field study with Korean employees: procrastination predicted lower task efficiency but had an inverted-U-shaped relationship with creativity. Employees who procrastinated moderately received higher creativity ratings from their supervisors than employees who procrastinated more or less, provided that intrinsic motivation or creative requirement was high. We discuss theoretical and practical implications for time management, creativity, and motivation in organizations."

　　首先，需要说明本研究聚焦的主题是什么以及这一研究主题的研究现状如何。由于摘要具有字数限制，研究主题的介绍一定要表述精简，具有高度概括性，直击论文最重要的创新点。例如，示例文章的摘要中，作者用一句话说明了研究主题及其现状："Although it is widely assumed that procrastination is counterproductive, delaying task progress may have hidden benefits for creativity."作者指出，尽管当前研究的主流观点是拖延会降低工作效率，但是拖延对个体的创新可能会有潜在益处。通过摘要的第一句话，我们知道研究的主题是探讨拖延和创造力之间的关系，并且会猜想，与以往研究只关注拖延的负面影响不同，作者可能会探讨拖延的正面影响，即提升创造力。

其次，是研究内容部分。主要包括，文章基于的理论视角是什么，研究了哪些变量之间的哪些关系。这一部分也要精简语言，概括研究的主要内容。需要注意的是研究内容与研究结果之间存在写作差别，尽管这两个部分都包含研究变量之间关系的阐述，但是研究内容部分更多采用一般的写作语言进行表述，而研究结果部分会采用更加专业的学术术语（如中介和调节）。此外，研究内容在表述变量间关系时更加概括，而研究结果的表述会更加详细。

例如，示例文章摘要部分中的第二句话："Drawing on theories of incubation，we propose that moderate procrastination can foster creativity when employees have the intrinsic motivation and opportunity to generate new ideas."说明了这个研究基于"theories of incubation"（孵化理论），提出适度的拖延会提升个体的创造力，并且这一作用在个体内在动机和创新需求高的情况下更加显著。

接下来是研究方法和研究结果部分。不同的研究方法在表述时有所差别，但是一般包括的内容有：研究对象、样本数量、收集数据的方法名称和收集过程等。研究结果部分，需要说明通过什么样的数据分析方法，得出了变量之间的什么关系，是线性关系还是曲线关系，变量是发挥了调节作用还是中介作用等。需要指出的是，当下有一个比较流行的研究趋势是，综合多个研究验证研究内容。当采用多研究设计的时候，如果研究方法和研究结论之间不好严格按照研究方法和研究结果区分为两个部分，可以采用"研究方法 1+ 研究结果 1""研究方法 2+ 研究结果 2"的范式进行表述。

例如，我们选取的示例摘要，作者首先说明他们采用了两个以美国被试者为主要研究样本的实验研究，检验了中等拖延群体比非拖延群体和高拖延群体会产生更多的创新想法，并且两者之间的曲线关系由问题重构和新知识计划所中介。接下来作者指出，他们通过一个基于韩国样本的田野调查，得出了与上一研究重复的结论，即拖延和创造力之间的曲线关系。并且，检验了内在动机和创新需求对两者之间关系的调节作用，即当这两个变量都处于高水平时，适度的拖延更容易引发个体的创造力。但是，在这一摘要的写作过程中，作者没有提供具体的样本数目。在这里还是建议大家，在字数符合要求的前提下，给出样本量等方面的信息会更好。

"In two experiments in the United States, we tempted participants to engage in varying degrees of procrastination by making different numbers of funny YouTube videos easily accessible while they were supposed to be solving business problems. (本研究采用的研究方法) Participants generated more creative ideas in the moderate rather than low or high procrastination conditions. This curvilinear effect was partially mediated by problem restructuring and the activation of new knowledge. (该研究方法得出的结论) We constructively replicated and extended the curvilinear effect in a field study with Korean employees: procrastination predicted lower task efficiency but had an inverted-U-shaped relationship with creativity. Employees who procrastinated moderately received higher creativity ratings from their supervisors than employees who procrastinated more or less, provided that intrinsic motivation or creative requirement was high. (本文采用的另外一种研究方法及其结论)"

最后，有些研究还会指出当前研究的理论意义和实践意义是什么，从而与相关的文献之间产生对话和连接。例如，示例摘要最后一句"We discuss theoretical and practical implications for time management, creativity, and motivation in organizations."。这表明了，文章探讨了组织中的时间管理、创新及动机方面的理论意义和实践意义。通过这一表述，建立起了当前研究与时间管理、创新和动机方面相关文献的连接。

我们再看一个例子，下面这篇《不确定性和预期有效性对运动方向感知决策的影响》也是同样的结构。我们通过备注，标出了摘要中的各个组成部分。

"环境中的运动刺激往往多变，更好的方向感知需要同时依赖当前信息和先验信息。然而，当前刺激的不确定性与先验线索的预期有效性在运动方向感知决策中如何整合尚不清楚。（指出当前研究不足）研究采用随机点运动范式，要求被试判断散点群的整体运动方向，方向一致的散点为相干点，其比例越低，不确定性越高。（说明研究内容）实验 1 比较了不同相干点比例下的感知准确度。根据实验 1 的结果，选出 20% 和 60% 的相干点比例分别对应实验 2 中散点群的高、低不确定性水平。实验 2 比较了高、低不确定性和高、低预期有效性（线索正确预测目标的概率）下的感知准确度。（研究方法）结果发现，随着不确定性的降低和预期有效性的增加，感知准确度显著提高；预期效应（高、低有效性下感知准确度的差异）随不确定性的提高而增加。（研究结果）结果表明，先验信息与感觉信息能在运动方向感知决策中整合。研究为双重控制机制（DMC）理论下主动性与反应性控制协同工作的观点提供了实证支持，并为交通事故的解释与预防提供了理论依据。（研究结果与理论和实践的结合）"

（*文献来源：潘玥安，姜云鹏，郭茂杰，吴瑕，（2022）.不确定性和预期有效性对运动方向感知决策的影响.心理学报，54(6)，595—603.）

从上面两个例子，我们可以看出，在论文完稿之后，以摘要的四要素为出发点，从四个方面进行内容上的概括性填充即可。在简明扼要的基础上，这一部分不难完成。

● 论文的标签：关键词

关键词一般位于摘要下方，是作者用来诠释论文主题的标签。论文的关键词，可以是你的核心变量，或是你选用的研究理论，也可以是你采用的研究方法，一般关键词就框定了"小同行"。在各种评审的过程中，关键词是筛选评委的重要参数。所以，作为一个合格的研究者，要在论文的写作初期就框定关键词是什么。然后，在核心参考文献的选取以及行文过程中，都向着这些领域的表述去靠近，形成统一的对话语境。这点是初学者常常忽视的，需要重视起来。

关键词要准确，不能过于宽泛。我国《科学技术报告、学位论文和学术论文的编写格式》（GB/T7713—1987）中明确规定：每篇论文应选取3～8个词作为关键词。在《学术出版规范 关键词编写规则》（CY/T 173—2019）中，更是对论文关键词进行了详尽的阐述。在关键词选择的过程中，除了科学技术性动词外，最好不要选择动词作为关键词。此外，还需要剔除相应的形容词，如"现代的""精密的"等词语。对于关键词的选取，可按照从论文标题到论文各级题目，再到正文中的高频词的顺序，进行递进罗列和筛选。

论文的标题往往包含了论文的主要信息点，例如研究对象、研究变量，甚至研究方法。所以，我们经常将标题作为关键词的首要来源。例如在《配偶情绪智力对员工工作投入的影响：员工生活幸福感的中介作用和性别的调节作用》中，我们可以先将题目以"主标题"和"副标题"做一个划分。在主标题中，可以划分出两大关键词：配偶情绪智力和员工工作投入。副标题中也有两个明显的研究变量：员工生活幸福感和性别。这篇论文的关键词就可以由这四个词组成。再如，《小学儿童数学焦虑的潜在类别转变及其父母教育卷入效应：3 年纵向考察》的关键词也是全部出现在题目中，分别为：小学儿童、数学焦虑、父母教育卷入、潜在转变分析和纵向研究。

心理学报 2022, Vol. 54, No. 6, 646–664　　　　　　　　　© 2022 中国心理学会
Acta Psychologica Sinica　　　　　　　　　　　　　https://doi.org/10.3724/SP.J.1041.2022.00646

配偶情绪智力对员工工作投入的影响：员工生活幸福感的中介作用和性别的调节作用[*]

郑晓明[1]　余　宇[2]　刘　鑫[3]

([1] 清华大学经济管理学院, 北京 100084) ([2] 西南财经大学工商管理学院, 成都 611130)
([3] 中国人民大学商学院, 北京 100872)

摘　要　本文关注配偶情绪智力对员工工作投入的跨领域的人际间影响。基于努力-恢复模型视角和情绪智力文献，本文提出高情绪智力的配偶能够通过提升员工生活幸福感，从而促进员工工作投入。此外，通过整合社会性别角色理论，本文进一步讨论了员工性别的调节作用。通过两个子研究，本文发现：配偶情绪智力与员工生活幸福感之间呈现正相关关系；员工生活幸福感与员工工作投入之间呈现正相关关系；员工生活幸福感中介了配偶情绪智力对员工工作投入的影响；并且，员工性别调节了配偶情绪智力和员工生活幸福感之间的关系，即当员工为男性时，配偶情绪智力对该员工生活幸福感的正向影响更强；此外，员工性别还调节了员工生活幸福感在配偶情绪智力和员工工作投入之间起到的中介作用。本研究首次提出和检验了配偶情绪智力对员工工作投入的跨领域的人际间积极影响，具有理论和实践上的重要意义。

关键词　配偶情绪智力, 员工生活幸福感, 员工工作投入, 员工性别

分类号　B849: C93

"关键词：配偶情绪智力，员工生活幸福感，员工工作投入，员工性别"

（* 文献来源：郑晓明，余宇，刘鑫 . (2022). 配偶情绪智力对员工工作投入的影响：员工生活幸福感的中介作用和性别的调节作用 . 心理学报，54(6)，646—664.）

心理学报 2022, Vol. 54, No. 4, 355–370
Acta Psychologica Sinica

© 2022 中国心理学会
https://doi.org/10.3724/SP.J.1041.2022.00355

小学儿童数学焦虑的潜在类别转变及其父母教育卷入效应：3年纵向考察[*]

司继伟[1]　郭凯玥[1]　赵晓萌[1]　张明亮[1,2]
李红霞[1]　黄碧娟[1]　徐艳丽[1]

([1]山东师范大学心理学院，济南 250358) ([2]山东行政学院，济南 250014)

摘　要　研究采用潜在转变分析考察小学儿童数学焦虑的类别转变以及父母教育卷入在小学儿童数学焦虑类别转变中的作用。以 1720 名三、四年级儿童为被试，对其数学焦虑和感知到的父母教育卷入进行 3 次追踪，每次间隔 1 年。结果表明：(1)小学儿童数学焦虑存在低数学焦虑组、高数学评估焦虑组和高数学获得焦虑组 3 种不同类别；(2)随时间的推移，高数学评估焦虑组倾向向低数学焦虑组转变，高数学获得焦虑组倾向向高数学评估焦虑组转变，而低数学焦虑组稳定性较强；(3)父亲/母亲教育卷入对儿童数学焦虑类别转变的预测作用，因不同的数学焦虑类别而异。上述发现为深入理解数学焦虑的形成机制以及干预措施的制定提供了重要参考。

关键词　小学儿童，数学焦虑，父母教育卷入，潜在转变分析，纵向研究

分类号　B844

"关键词：小学儿童，数学焦虑，父母教育卷入，潜在转变分析，纵向研究"

（*文献来源：司继伟，郭凯玥，赵晓萌，张明亮，李红霞，黄碧娟，徐艳丽 . (2022). 小学儿童数学焦虑的潜在类别转变及其父母教育卷入效应：3 年纵向考察. 心理学报，54(4)，355—370.）

当然，这里也需要注意，并不是题目中的所有词语都可以作为关键词。例如《孤芳自赏还是乐于助人？员工自恋对亲社会行为的影响》这个题目中，"孤芳自赏"和"乐于助人"这种成语就不适合作为关键词，这个问题前缀是一种题目的形式，是为了引发读者兴趣，而非研究主题。反而是在摘要中，作者提出了研究主题是两种自恋型人格和亲社会行为关系，以及两个中介机制，这些以学术术语形式出现的词语更适合作为关键词。

心理学报   2022, Vol. 54, No. 3, 300–312
Acta Psychologica Sinica   © 2022 中国心理学会
                                                                https://doi.org/10.3724/SP.J.1041.2022.00300

孤芳自赏还是乐于助人？
员工自恋对亲社会行为的影响[*]

刘文兴[1]   祝养浩[1]   柏 阳[2]   王海江[3]   韩 翼[1]
([1] 中南财经政法大学工商管理学院, 武汉 430073) ([2] 北京大学光华管理学院, 北京 100080)
([3] 华中科技大学管理学院, 武汉 430074)

摘 要 本研究通过整合自恋双元理论和特质激活理论, 探讨欣赏型自恋、敌对型自恋对员工亲社会行为的影响机制, 深入分析了员工关系趋近型动机和关系回避型动机的中介作用以及任务相互依赖性的调节作用。通过对来自员工–同事二阶段配对的 235 份数据进行分析, 结果发现: 欣赏型自恋对员工亲社会行为具有显著的正向影响, 敌对型自恋对员工亲社会行为具有显著的负向影响; 关系趋近型动机在欣赏型自恋与员工亲社会行为之间发挥着中介作用, 关系回避型动机在敌对型自恋与员工亲社会行为之间没有发挥中介作用; 任务相互依赖性不仅正向调节欣赏型自恋与员工关系趋近型动机的直接效应, 而且还正向调节着欣赏型自恋通过关系趋近型动机对亲社会行为的间接效应。

关键词 欣赏型自恋, 敌对型自恋, 关系趋近型动机, 关系回避型动机, 亲社会行为, 任务相互依赖性

分类号 B849: C93

"摘要：本研究通过整合自恋双元理论和特质激活理论，探讨欣赏型自恋、敌对型自恋对员工亲社会行为的影响机制，深入分析了员工关系趋近型动机和关系回避型动机的中介作用以及任务相互依赖性的调节作用。通过对来自员工-同事二阶段配对的 235 份数据进行分析，结果发现：欣赏型自恋对员工亲社会行为具有显著的正向影响，敌对型自恋对员工亲社会行为具有显著的负向影响；关系趋近型动机在欣赏型自恋与员工亲社会行为之间发挥着中介作用，关系回避型动机在敌对型自恋与员工亲社会行为之间没有发挥中介作用；任务相互依赖性不仅正向调节欣赏型自恋与员工关系趋近型动机的直接效应，而且还正向调节着欣赏型自恋通过关系趋近型动机对亲社会行为的间接效应。

关键词：欣赏型自恋，敌对型自恋，关系趋近型动机，关系回避型动机，亲社会行为，任务相互依赖性"

（＊文献来源：刘文兴，祝养浩，柏阳，王海江，韩翼．(2022).孤芳自赏还是乐于助人？员工自恋对亲社会行为的影响．心理学报，54(3)，300—312.）

关于研究方法是否能够作为关键词，这里有一个可以参考的判断标准：论文中所运用的研究方法是不是研究的一个创新点。如果是，那研究方法也可以作为关键词。例如《认知诊断缺失数据处理方法的比较：零替换、多重插补与极大似然估计法》的关键词中，除了在标题中明确看到的四个关键词，研究中采用的"GDINA 模型"是一个关键的创新点，所以该模型也可以作为这篇论文的关键词。

心理学报　2022, Vol. 54, No. 4, 426–440　　　　　　© 2022 中国心理学会
Acta Psychologica Sinica　　　　　　　　　　　　https://doi.org/10.3724/SP.J.1041.2022.00426

认知诊断缺失数据处理方法的比较：零替换、多重插补与极大似然估计法＊

宋枝璘[1]　郭　磊[1,2]　郑天鹏[3]

([1] 西南大学心理学部；[2] 中国基础教育质量监测协同创新中心西南大学分中心，重庆 400715)
([3] 北京师范大学中国基础教育质量监测协同创新中心，北京 100088)

摘　要　数据缺失在测验中经常发生，认知诊断评估也不例外，数据缺失会导致诊断结果的偏差。首先，通过模拟研究在多种实验条件下比较了常用的缺失数据处理方法。结果表明：(1)缺失数据导致估计精确性下降，随着人数与题目数量减少、缺失率增大、题目质量降低，所有方法的 PCCR 均下降，Bias 绝对值和 RMSE 均上升。(2)估计题目参数时，EM 法表现最好，其次是 MI、FIML 和 ZR 法表现不稳定。(3)估计被试知识状态时，EM 和 FIML 表现最好，MI 和 ZR 表现不稳定。其次，在 PISA2015 实证数据中进一步探索了不同方法的表现。综合模拟和实证研究结果，推荐选用 EM 或 FIML 法进行缺失数据处理。

关键词　认知诊断，GDINA 模型，缺失数据，多重插补，极大似然估计

分类号　B841

"关键词：认知诊断，GDINA 模型，缺失数据，多重插补，极大似然估计"

（* 文献来源：宋枝璘，郭磊，郑天鹏 . (2022). 认知诊断缺失数据处理方法的比较：零替换、多重插补与极大似然估计法 . 心理学报，54(4)，426—440.）

除了题目和研究方法之外，研究所采用的理论也是文章的关键词来源。比如，研究采用了一种新的理论视角探讨变量之间的关系，那么就可以将理论放入关键词中。另外，研究样本有时候也可以作为关键词。比如，某项研究是针对特殊群体（如小学生）展开的，而这一群体对该研究问题的探讨具有创新性，那么便可将"小学生"加入关键词中。

● 论文的"归宿"：结论

结论（conclusion）作为论文的"归宿"，一般需要与摘要部分相呼应，对研究结果进行简要概述，主要包括研究成果和发现，为论文做一个总结收尾。

一般的模版，可以这样行文："本文通过 / 采用 ×× 的手段 / 方式，对 ×× 问题进行了考察，研究结果发现 / 揭示了（具体研究结论）。本研究对 ×× 方面的研究提供了新的理论依据 / 新方向；为 ×× 的应用提供了参考。"

例如，在《"近朱者赤"：同事主动行为如何激发员工动机和绩效》和《声誉关注与社会距离对伤害困境中道德决策的影响：来自行为与 ERPs 的证据》中，作者都是用几句话总结了全文的研究发现，并在最后提出了本研究的意义。

"本研究以社会学习理论为基础，揭示了同事主动行为通过激发员工自主动机，进而促进其工作绩效提高的作用机制。同时，员工自身的主动性人格是影响同事主动行为发挥作用的重要边界条件。（研究结论与发现）本研究对同事主动行为如何以及何时发挥作用进行了初步探讨，为未来工作场所的员工主动性行为研究提供了新的方向。（研究应用与意义）"

（* 文献来源：张颖，段锦云，王甫希，屈金照，彭雄良．(2022)．"近朱者赤"：同事主动行为如何激发员工动机和绩效．心理学报，54(5)，516—527.）

"本研究采用 ERP 技术从大脑加工的时间进程角度，考察了声誉关注和社会距离对伤害困境下道德决策的交互影响。（研究内容总结）结果发现：在匿名情境下，与熟人和陌生人相比，个体更愿意牺牲自我收益来减少对朋友的疼痛电击伤害，行为指标上表现出一种明显的'利己的利他主义'倾向；且涉及熟人的道德决策耗时最长，诱发了更强的厌恶情绪（以 P260 为指标）和认知冲突（以 LPP 为指标），反应时和 ERP 指标上表现出一种明显的'熟人效应'。然而，这种'利己的利他主义'决策倾向和'熟人效应'在公开情境下分别减弱和消失了。结果表明，决策结果公开激发了个体对个人声誉的关注，进而有效削弱了利己倾向和人际关系的不确定性在道德决策中所诱发的厌恶情绪和认知冲突。（==研究结论与发现==）本研究从行为和电生理层面揭示了声誉关注对不同社会距离下伤害困境中道德决策的调节机制。（==研究总结==）"

（＊文献来源：占友龙，肖啸，谭千保，李琰，钟毅平．(2022).声誉关注与社会距离对伤害困境中道德决策的影响：来自行为与 ERPs 的证据．心理学报，54(6)，613—627.）

当然更建议的写作模式是，在结论部分加入一小段文字，与现有文献进行对比呼应，突显本研究如何补充、发展和推动了这一领域的相关研究。例如《员工真诚对同事关系的双刃剑效应：共事时间的调节作用》这篇文章的研究结论写作方式：

"目前普遍认为员工真诚有助于建立信任打消同事怀疑促进积极同事关系。（==概括现有文献的普遍观点==）然而本研究发现，在共事早期，比如共事不到 1 年，员工真诚反而可能引发同事怀疑降低信任，减少同事对该员工的人际帮助，增多人际排斥。（<mark>当前研究提出并验证了不同的观点</mark>）"

（＊文献来源：汤一鹏，贾荣雯，龙立荣，任芷宇，蒲小萍 . (2022). 员工真诚对同事关系的双刃剑效应：共事时间的调节作用 . 心理学报，54(5)，529—548.）

在这一章，我们详细列举了摘要和研究结论的写作模式以及关键词的锚定方法。但是，在上手写论文的时候，需要谨记于心的是：尽管学术论文有固定的格式，各个部分的写作也有可以遵循的范式，但不同论文的研究模型以及所探讨的研究问题存在不同，要学会找到最契合文章故事发展的写作逻辑。而这也是最需要耐心，需要花费很多时间去学习、模仿和积累的地方。

第5章

虎头：引言的艺术

引言作为论文的开场白，一般占全文十分之一左右的篇幅。我们要在引言中讲一个好的故事，带着读者走入某个小的领域，用非常精炼的篇幅，告诉他们这个小领域中的争议点和与实践脱节的地方，或者是亟待解决的问题。之后，阐明我们的论文可以从哪些创新的角度去填补空白、解决问题。从大到小，按照这个逻辑线，逐渐吸引读者，将他们的注意力从一个大的研究背景和版图，引诱到自己的具体的小的研究中。做得巧的话，会让人读过之后觉得妙不可言。

我个人认为，引言是非常考验研究者功力的。内行人一看引言，几乎就能看出你在这篇论文中下的功夫有多少，判断你是不是一个认真、合格的研究者，准确度八九不离十。当然，也能判断一下你的写作、包装、营销自己研究的能力。

从结构上讲，引言一般包含三部分的内容：一是对选题渊源和研究背景的介绍，以体现出研究的重要性；二是说明该选题在所处研究领域的地位和目前的研究现状是否存在争议，或是存在空白，就此引出本文要解决、探讨的观点和问题；三是聚焦于当前这一研究，简述主要的研究内容、方法和贡献，引出下文。

● 核心变量出发的选题渊源

引言的第一部分，需要对我们所选题目的背景进行一个介绍，带着读者走入某个小领域，让大家看出当前研究的重要性。下面我们就以两篇文献为例，做一个介绍。

在引言开篇，可以直接引出研究对象，交代文中的核心变量。例如，在《员工真诚对同事关系的双刃剑效应：共事时间的调节作用》中，开篇就介绍了核心变量"员工真诚"在社会和学界中的关注度，从变量出发，引出研究的大背景，体现出论文选题的迫切性。

"近年来，社会和学界越来越关注员工在职场中的真诚 (Cha et al., 2019; Grandey & Gabriel, 2015)。真诚是指员工按照内在真实自我的行事方式 (Cazaet al., 2017)。这个主题引起广泛关注有多方面的原因。比如，更加关注自我的新生代员工进入职场 ('Generation Me'; Twenge et al., 2010); 企业间人员流动性攀升，人们更希望能找到适合自己的工作（Lindholm, 2009），这使得他们在职场更倾向于遵从内在真实自我而行事。研究表明员工在工作中的真诚能够满足自我决定的需要（Leroy et al., 2015），为其工作赋予更深的意义（Ménard & Brunet，2011）并提高工作投入（Metin et al., 2016）。然而关于员工真诚对职场中人际关系影响的探讨却方兴未艾（Chaet al., 2019）。目前学者普遍认为员工真诚能够促进与同事之间积极的人际互动（Ilies et al., 2005; Kernis & Goldman, 2006; Gill & Caza, 2018; Tang, Xu et al., 2021）。这主要是基于以往研究发现真诚有利于消除互动中的疑虑建立彼此的信任（e.g., Swann et al., 1994; Wickham, 2013）。这些研究主要在亲近的人际关系中开展，比如恋人（Wickham, 2013）或朋友（Peets & Hodges, 2018），同事之间的交往却未必有如此深入。由于员工流动性的提高（Lindholm, 2009），许多同事之间可能还相当陌生，甚至比较疏离（e.g., Xu et al., 2020）。基于这些研究发现提出员工真诚促进同事间积极人际互动的观点可能有失偏颇。"

（*文献来源：汤一鹏，贾荣雯，龙立荣，任芷宇，蒲小萍. (2022). 员工真诚对同事关系的双刃剑效应：共事时间的调节作用. 心理学报，54(5)，529—548.）

　　此外，有的研究会在上述的研究背景之前，加入一个实践背景，先讲一个有趣的背景或故事，引出研究主题，让引言更有故事性和可读性，引起读者的思考和兴趣。一般来讲，文字要精炼有趣，用一个段落解决，达到目的即可，切记不可冗长。例如，在《感性还是理性？文化衍生的权力感对广告诉求偏好的影响》一文的引言开头，作者先抛出一个生活中的场景性问题，引出本文的研究对象之一"广告诉求"，铺垫了研究背景。

　　"试想当您搜索到以下两则餐厅广告：一则餐厅广告重点突出食材质量等理性信息，比如，'顶级谷饲熟成牛排，安全健康，工艺成熟'；另一则广告重点强调美食享受等感性信息，比如，'典雅的就餐环境，优质服务，享受生活'。面对上述两则不同诉求的广告，您更偏好哪一则广告呢？在激烈的市场竞争下，营销人员致力于设计出有效的广告以激发消费者的购买欲望。然而广告的有效性在很大程度上取决于消费者心理特征与广告诉求之间的一致性（Liu & Mattila，2017）。由此，在广告设计中需要重点突出哪一方面的信息则取决于该广告信息所针对目标消费群体的心理特征。"

　　（*文献来源：江红艳，张婧，孙配贞，江贤锦 . (2022). 感性还

是理性？文化衍生的权力感对广告诉求偏好的影响. 心理学报，54(6)，
684—702.）

● 由“广”到“精”，锁定研究问题

在引出论文研究问题的过程中，可以先抛出目前相关领域
已有研究工作的概况，或是这个领域的研究热点，或是存在的
争议性，或是与实践脱节的地方，或是备受关注亟待解决的研
究问题。通过这样的方式引出论文的研究问题，给读者以引导。

例如，这一部分可以率先提出“×问题是具有争议性的。
现有作者 A 认为……，而 B 发现……”，接着可以提出本文对
该问题的认识，例如“本研究认为 A 和 B 都不足以驾驭 ××
话题”，从而引出本文的研究重点。

或者是类似推出平行视角，例如“×问题，目前的学者从
三个视角去做解释，第一个是……第二个是……第三个是……
本研究从第二个视角 ××× 出发，展开创新性探索”。

在这个部分一定要注意一点，你需要让读者有如沐春风的
感觉，读完会觉得“作者真牛、真懂，我完全被带进去了，非
常棒，好研究，有必要，值得花时间去做”。如果能给读者带来
这样的感觉，那你就做对了。

我们来看一个例子：

"层级制（hierarchy）是组织最常见的形态之一，但是围绕层级制的争议却不绝于耳（Greer et al., 2018）。其中一个备受关注的问题是，层级差异究竟是否会阻碍建言（Morrison, 2011）。由于建言是自下而上的信息流动，是嵌套在组织层级中的行为，厘清层级差异对建言的影响至关重要。已有的研究发现，上下级间的层级差异可能阻碍建言（Oc et al., 2019; Weiss et al., 2017），也可能促进建言（King et al., 2009; Reitzig & Maciejovsky, 2015），并未得出一致的结论。例如有研究发现，在领导面前下属会担心自己人微言轻、不受重视，或害怕建言引发领导不满（Bienefeld & Grote, 2014），因此层级差异可能不利于建言；同时也有研究指出，层级划分有利于引导下属将信息传递至上级领导，领导恰恰是下属建言的主要对象（Detert et al., 2013; King et al., 2009），这时层级差异不再是建言的阻力。我们认为，这些不一致的结论可能源于研究者并未区分层级差异产生的基础——是权力（对资源的支配和控制）差距还是地位（受人尊敬和爱戴的程度）差距。"

（*文献来源：容琰，隋杨，江静. (2022). 领导权力和地位对下属建言的影响——心理安全感的作用. 心理学报，54(5)，549—565.）

在这篇文章中，作者引出研究问题的时候，先说明当前研究中对"层级制"与"建言行为"之间的关系得出了不一致结论——层级制一方面会阻碍员工的建言行为，另一方面也可能促进员工的这一行为。针对这个不一致的结论，研究提出了层级差异产生的基础（权力差距或是地位差距）可以帮助解决当前的矛盾观点。通过"存在不一致观点—不一致观点分别是什么—如何解决不一致观点"的逻辑链条，自然且有力地提出了研究的主要问题和内容。

● 言简意赅总领下文

抛出研究问题之后，引言部分还需要简述当前研究打算如何解决这一问题。例如前边的例子，针对层级制与建言行为之间的不一致关系，作者试图从权力和地位两个方面进行解释。引言的写作不能到此就戛然而止，而是应该适当展开说明，为何选择权力和地位这两个变量？它们在层级制与建言行为的关系之间发挥了什么作用？以及引入这两个变量是如何帮助解决研究问题的？

虽然这里提到了一连串的问题，但是这部分的主要目的是对下文（即理论与假设部分）的总括，因此写作不能过于详细。否则，可能会导致在理论与假设部分没什么可写的，或是出现重复引用、重复论述的问题。这里多说一句，假设一般是不出现在引言部分的，而是否要在引言部分直接写出假设，和具体的学科有关。有的学科的假设是单独的一个部分，有的学科则会把假设很自然地放在引言部分。例如，下边例子中的假设，就是在引言部分的结尾直接给出来了。

"综上，本研究采用'电击—获利困境'任务和 ERP 技术，考察声誉关注与社会距离如何交互影响伤害困境下道德决策的行为和神经反应，并将验证如下假设：(1) 在匿名情境中，与社会距离疏远他 (熟人和陌生人) 相比，被试对社会距离较近他人 (朋友) 会表现出更多的助人选择，表现出一种'利己的利他主义'决策倾向；(2) 与朋友和陌生人相比，熟人关系的不确定性，会导致涉及熟人的两难决策诱发更强的负性情绪体验，并消耗更长的决策时间和诱发更强的神经反应 (如更大的 ERP 波幅)；(3) 然而，这些行为和 ERP 指标上的差异在公开情境下会因为声誉关注而显著减弱或消失。"

(＊文献来源：占友龙，肖啸，谭千保，李琰，钟毅平 . (2022). 声誉关注与社会距离对伤害困境中道德决策的影响：来自行为与 ERPs 的证据 . 心理学报，54(6)，613—627.)

除此之外，引言部分需要论述研究的贡献有哪些。同样地，这一部分与文章最后讨论部分的理论贡献与实践启示可能会存在一定程度的重合。但是，引言部分的贡献在写作时相对来说还是需要更加简洁，能够给读者提供一个大体的轮廓即可。总体来说，引言是一篇文章的门面，是对正文内容的总领和高度概括，决定了论文的品质。

最后提醒大家一下，我们目前看到的大部分顶刊论文，都是有约定俗成的模式的，也就是说，在结构和表达上基本没有悬念。我建议，你可以拿出一个文档，在阅读时有意识地记录下来一些好的表达。比如，当你想要叙述平行逻辑的时候，有哪些句式表达可以用；当你反对一些观点的时候，如何写算是巧妙。如此这般，日常阅读就具有了目的性，除了内容，还可以有形式上的收获。

● 引言包装小技巧

说完了引言的结构，接下来，教你们一个提升引言写作的秘诀——通过借鉴讲故事的模式来最大限度地勾起读者的兴趣。

引言的作用本来就是要将读者拉入你的研究中，让读者（包括评审）读过之后产生"不虚此读"的体验，并且急切地想要看一下，你如何在后边的研究中解决引言里埋下的伏笔。而故事的情节性、冲突性和强调人物与背景的特性，与引言的目标不谋而合。具体来说，一般的故事包括五个部分：人物、背景、冲突、行动和结局。除去行动（与具体的研究设计更加相关）和结局（与研究结论更加相关），故事的人物、背景和冲突元素都可以用于引言的包装。当你能够建立明确的故事主角、贯穿研究发展脉络、辅以或生动或冲突的情节时，会更加容易写出趣味性强和可读性高的引言。

人物

稳固的情节始于有趣的主角，在学术论文中"主角"对应的便是当前研究的核心研究问题。故事中的人物有主角和配角之分，我们的研究同样需要有侧重点，专注于一个明确的问题精耕细化，才能让故事立得住、站得稳。引言的写作中，就需要直接抛出故事的主角，明确地给出研究问题。相应地，与研究问题直接相关的主要创新点和变量也是主角，其他的就是配角。全文一致，不忽大忽小，是非常重要的心法。

背景

人物的出场必然需要特定的背景环境。学术论文中的背景大多来源于科学文献中的相关信息。在引言部分交代研究问题、背景、发展阶段及研究现状，循序渐进地让读者对论文的发生环境有一个清晰的了解，有助于烘托出主角——研究问题。

冲突

矛盾冲突是推进故事情节走向高潮，使整个体系成功构建起来的重要技巧。学术论文中的"矛盾"可以是以往文献研究不足、尚未解决的问题，可以是不一致的研究结论，也可以是现实生活中的未解之谜，或者是一些反认知的观察。这些都能突出当前研究的紧迫性和必要性，同时吸引读者参与其中进行思考，提升引言吸引力。

第6章

凤尾：讨论的艺术

如果说，引言的作用是努力地将读者拉入你的研究。那么，讨论的部分就需要给这些读者们一个"交代"。讨论的主要作用是对研究的升华，并引发读者的思考。很多文章存在的问题是，前边一通天花乱坠的描述与操作，可是研究结果和讨论撑不住引言里曾经夸下的海口，或是讨论的内容与引言之间发生了偏离。为了避免这种情况，在这一章，我们来分析并拆解一下，一篇文章的讨论部分应该怎么写。

一般来说，讨论部分包括研究结果的简述、与前文呼应的理论意义、能够反哺的实践意义以及研究局限和未来展望等内容。

● 研究结果需要写什么？

研究结果实际上是对整个研究发现的小结，包括研究采用的理论是什么、采用了什么样的研究方法、哪些研究假设有数据支持等方面的内容。值得注意的是，结果讨论部分（results）的研究结果与作为一个独立章节的研究结果部分是不同的。前者主要用来汇报和呈现数据分析的结果，说明假设是否得到数据支持。而后者是对数据分析结果部分的高度凝练，在写作时需要直接说明经检验之后得到的结果有哪些、是什么。

我们来看下边这个例子：

"现有关于授权型领导的研究是极其不均衡的，大量研究发现了授权型领导对下属的积极影响，极少数研究开始探索其潜在的消极影响，而基于领导——下属匹配视角，同时关注双方因素，从领导——下属匹配程度（即一致性）来探讨授权型领导消极影响的研究却较为缺乏。本研究基于角色理论，从领导——下属匹配的视角探讨了授权型领导与下属自我领导的匹配对下属角色冲突、情绪衰竭和工作绩效的影响。研究结果发现：当授权型领导与下属自我领导越不匹配时，下属角色冲突越高；相比在'低授权型领导——低下属自我领导'情形下，在'高授权型领导——高下属自我领导'情形下，下属角色冲突更低；进一步，授权型领导与下属自我领导的匹配会通过下属角色冲突影响下属情绪衰竭，进而影响其工作绩效。"[10]

10　陈晨，秦昕，谭玲，卢海陵，周汉森，宋博迪. 授权型领导——下属自我领导匹配对下属情绪衰竭和工作绩效的影响 [J]. *管理世界*，2020，36(12):145—162。

《授权型领导——下属自我领导匹配对下属情绪衰竭和工作绩效的影响》这篇文献的主要目的在于，探讨授权型领导行为与员工的自我领导之间的匹配度，如何影响员工的角色冲突及后续绩效。这篇论文的研究结果部分首先指出了本研究如何推进以往研究，然后说明了研究采用的理论视角——角色理论，最后呈现出被研究数据支持的结论。

当然，研究结果部分可能会有不同的格式和呈现方式。例如，在《语言和情境对具体概念感知运动仿真的影响》的讨论部分中，是以"本研究通过 ×× 的方法 / 实验，探究了 ××"来作为讨论部分的总领。接着对研究结果进行一个简要概括"三个系列实验均发现空间关系的主效应显著"，最后对研究发现的意义进行小结"研究揭示了……为……提供了支持 / 依据"。

"本研究通过系列实验探究语言因素和情境因素对具体概念表征过程中感知运动仿真的影响。三个系列实验均发现空间关系的主效应显著，揭示了具体概念表征过程中存在感知运动仿真，支持了知觉符号理论。"

（＊文献来源：石如彬，谢久书，杨梦情，王瑞明 . (2022). 语言和情境对具体概念感知运动仿真的影响 . 心理学报，54(6)，583—594.）

英文论文研究结果部分的写作遵循相同的逻辑。例如，在一项关于拖延与创造力关系的研究中，作者通过实验研究和问卷调查得出结论：适度的拖延能够促进个体的创造力。在研究结果部分的写作中，作者使用了"Our laboratory experiments demonstrated that..., Our field study showed that..."的句式来阐述研究的发现。并且，在这一部分的最后，作者采用"These results have important implications for..."这一句式，指出他们的研究结果对于时间管理、创造力以及员工动机的研究具有重要意义。

"Our laboratory experiments demonstrated that moderate procrastination can causally influence the production of creative ideas through the incubation mechanisms of problem restructuring and activation of new knowledge. Our field study showed that when employees procrastinated moderately on their tasks, their supervisors gave them higher ratings of creativity as long as they had high intrinsic motivation or high creative requirements. This curvilinear relationship between procrastination and the quality of employees' ideas did not extend to the quantity of their work: supervisors rated them as exhibiting lower task efficiency on tasks where they procrastinated. These results have important implications for research on time management, creativity, and motivation."

(* 文献来源：Shin, J., & Grant, A. M. (2021). When putting work off pays off: The curvilinear relationship between procrastination and creativity. *Academy of Management Journal*，*64*(3)，772–798. https://doi.org/10.5465/AMJ.2018.1471)

● 理论意义的"前呼后应"

对于一项研究而言，理论意义的写作往往是重头戏。研究的理论意义主要是说明你所做的研究是如何补充现有理论的，是如何在前人的基础上多走一步的，是解决了当前没有关注到的问题，还是回答了某个研究里的呼吁，又或者是帮忙澄清了存在歧义的研究结论？这些都需要一一详细地列出来。

说到这里，你应该也会隐隐感觉到，这是不是应该呼应引言部分呢？的确是，因为在引言部分，是你亲手挖出来了一些"坑"，之后通过假设加数据的检验，努力填上这些"坑"。费了这么大的劲，在理论意义的写作中，你需要呼应引言中的内容，重温这些"坑"的烦人之处，然后说明你是怎样把"坑"填上的，以及填得多么精美、多么匠心独运。

我们依旧以《授权型领导——下属自我领导匹配对下属情绪衰竭和工作绩效的影响》这篇论文为例。

"尽管现有研究普遍肯定了授权型领导的积极影响，但近年来少量研究开始对这一主流假设（assumption）提出质疑与挑战。例如，有研究发现授权型领导会增强下属的工作紧张感（job-induced tension）和强迫式激情（obsessive passion for work），降低下属的工作效率（尹奎等，2018；Cheong et al., 2016；Hao et al., 2018）。这些新近研究已初步反映出，目前关于授权型领导有效性的主流观点（即授权对下属总是好的）是不够全面和均衡的，授权型领导的消极影响亟须研究者们进一步探索。纵观已有研究，尽管少量新近研究开始探索授权型领导可能的消极影响（Cheong et al., 2016），却忽视了领导-下属二元匹配（congruence）在其中的重要作用，这一忽略则是现有研究不够全面和均衡的主要原因之一。……基于上述推理，本研究提出以下研究问题：授权型领导是否会对某一些下属（例如，自我领导较低的下属）产生消极影响，导致其更低的工作绩效？如果是，如何影响？"

在这篇文章的引言部分，作者指出现有关于授权领导的研究更倾向于探讨这一领导行为的积极影响，而忽视了其可能的消极影响；并且，尽管有研究开始关注了这一行为的消极影响，但是并没有从领导下属匹配的角度对其进行分析。相应地，作者提出的研究问题是：授权型领导是否会对某一些下属（例如，自我领导较低的下属）产生消极影响，导致其表现出更低的工作绩效？如果是，是如何影响的？

　　"本研究对授权型领导、角色理论与情绪衰竭等相关研究具有重要理论意义。第一，本研究从领导—下属匹配视角探索授权型领导的潜在消极影响，挑战了现有研究中'授权对下属总是好的'这一主流假设。现有绝大部分研究都表明，授权型领导能够对下属和团队产生积极影响，例如提高下属内部动机、自我效能感、工作绩效与组织公民行为，提升团队绩效等（Cheong et al., 2019；Lee et al., 2018；Sharma and Kirkman, 2015）。然而，纵观已有研究，目前关于授权型领导影响的研究发展是极其不均衡的。对于授权型领导积极效应的广泛探索，可能导致研究者与管理实践者都过度推崇其积极的一面，而忽视其潜在的'阴暗面'。因此，本研究基于角色理论，通过引入领导—

下属匹配的视角，探索了授权型领导对下属角色冲突、情绪衰竭以及工作绩效的影响，为理解授权型领导提供了更加全面且辩证的研究视角。"

对应于引言的写作，理论意义的写作进行了以下呼应：作者首先提出，他们的研究挑战了"授权对下属总是好的"这一主流假设，然后说明他们的研究通过引入领导—下属匹配视角，深入探索授权型领导对下属产生的或积极或消极的辩证影响。

看到这里，你是不是会很惊叹，论文里的好逻辑其实不只是上一句与下一句、上一段与下一段之间的起承转合，还包含这种跨页码、跨部分的相互呼应。好的文章，就是要有这种工整的美。

当然，理论意义的写作也不全是呼应引言，但是它需要与前文内容、观点进行连接。另一个常见的问题是，前边写作中明显有可以作为理论意义的点，但作者可能并没有意识到，因此导致理论意义部分的分析不够透彻。举个例子，若研究采用了某一理论视角，提出了研究模型并推理了研究假设，但是在最后的理论意义中却没有说明研究对这一理论的贡献是什么，是拓宽了该理论的适用边界，还是为该理论引入了新的研究变量？这些都需要详细说明，千万不要把研究的亮点模糊了，要尽力擦亮它。

● 实践意义的"反哺之情"

接下来是实践意义部分。关于理论意义与实践意义，我在审阅学位论文的时候发现的一个问题是，很多同学不会区分理论意义和实践意义，论文中两个方面的意义交叉写作，让人一头雾水。与理论意义不同，实践意义侧重于研究得出的结论如何反哺于实践。举例来说，组织行为学的研究里，作者需要说明论文中的研究发现可以如何指导组织实践。不过，实践意义的写作对于没有工作经验的研究者来讲，还是会有些吃力。如果存在这样的情况，可以多看一些企业管理案例，或者看看类似的逻辑下别的研究是如何阐述的，从中找寻灵感。

我们继续看一下《授权型领导——下属自我领导匹配对下属情绪衰竭和工作绩效的影响》中的实践意义是如何写作的。

"本研究的结论对组织管理实践具有重要启示。第一，组织需要重视授权型领导-下属自我领导的匹配。换言之，组织需要全面、辩证地看待授权型领导对下属的作用。现有大部分研究发现了授权型领导对下属以及组织的积极影

响 (Lee et al., 2018:Sharma and Kirkman, 2015)。这些研究表明，对领导以及组织来说，对下属授权确实具有积极而重要的意义。本研究则发现，授权型领导并非都是有益的。在某些情境下 (即授权型领导与下属自我领导不匹配时)，授权型领导也可能对下属造成消极影响。需要注意的是，本研究结论并非否定授权型领导的积极作用，而是启示组织，需要全面、辩证地看待授权型领导对下属的作用，组织在鼓励领导授权的同时，也需要意识到，领导向下属一味地授权并不一定都是好的，组织要防范授权型领导负面效应的发生，从而做到'取其精华，去其糟粕'。具体而言，组织在组建团队、安排工作任务时，需要同时考虑领导和下属双方的情况，并根据双方特点进行分组搭配，从而实现下属工作绩效的最优化。另外，对于团队领导而言，其在决定是否对员工进行授权管理的时候，也需要将下属的自我领导特质考虑进来。"

由于该研究的结论指出，领导授权与下属自我领导在不匹配时，会产生不好的影响 (即导致下属的角色冲突和情绪衰竭，并且损害工作绩效)。因此，作者指出，在组织实践中应当重视两者之间的匹配，并且提出了如何实现两者之间良好匹配的方法，如在组建团队或者安排工作任务的时候，同时考虑领导和下属的特征，将擅长授权的领导与自我领导能力较强的员工进行匹配，这样才能更有效率地完成工作任务。

● 局限与未来研究展望：我的遗憾你来补？

任何一个研究都有它的局限性。这种局限可能来自研究设计与研究方法，如采用横截面数据难以验证变量间的因果关系，同源数据（所有变量都是由同一个人进行评价）可能导致共同方法偏差问题；也可能来自样本，如样本整体数量偏低，样本来源较为集中，难以将结论进行大范围推广，或者样本中男女构成比例不尽合理等，都是潜在的研究局限。除此之外，研究的局限也可能来自理论方面，例如研究可能只关注了单一理论视角，从而只提出了一种作用机制，或者一个边界条件。

相应地，作者会基于研究局限以及这个研究的基础，提出未来的研究方向。虽然大家经常觉得找不到研究方向，但是有的学者就很善于从别人论文的展望部分得到启发，汲取灵感。如果研究想法是从某一篇文章的研究局限中得到的，文章的贡献之一就可以是回应了某某学者的呼应。你看，写作话术都帮你想好了："本研究回应了 ×× 学者的 ×× 呼应……"基于此，这对你可能产生的启示是，在自己写文章的时候要用心思考，写好这一部分，传好学术接力棒。

例如，《授权型领导——下属自我领导匹配对下属情绪衰竭和工作绩效的影响》中的一条研究不足是，变量的测量来自同一个时间点，这样会导致共同偏差问题。因此，作者呼吁未来研究采用更加多元化的研究设计，通过多种形式收集研究数据，以进一步验证这项研究的结论。

> "本研究有很多优势，例如采用多源的取样方式有利于降低共同方法偏差等，但也存在一些局限性，需要在未来研究中进一步探素。首先，虽然本研究在核心变量（授权型领导和下属自我领导）上采用不同来源测量能够有效降低 CMV 对结果的潜在影响（Podsakoff et al., 2012），但未来研究仍可以考虑更多元化的数据来源，在解决 CMV 问题的同时，获得更加客观的数据来源。例如，由下属评定其直接上级的授权型领导（Cheong el al., 2019），由同事评定下属的自我领导（Stevart et al., 2011）。这样的研究设计有助于对本研究的研究问题进行更全面地探讨和论证。此外，由于本研究的数据是在同一时间获取的，未来研究可以考虑更多元的研究设计（例如，长时数据、现场实验等）来对本研究结论进行重复验证，以加强对本

研究模型变量间因果关系的构建。"

综上所述，研究讨论部分在升华研究、延展研究方面，发挥着重要作用。期待你能写出自己满意的讨论，对自己的研究"负责到底"。

第7章

21世纪了，学点引用和参考文献的相关技术吧

在论文写作中，格式是否规范是一条很重要的评阅标准。从简单的字体、字号、行间距和页码，到封面、标题、目录、图表和注释，处处是学问。当然，还有那最让人头疼的各种文献引用格式，每一项都是细节满满，不容忽视。在这一章中，我将着重为大家介绍关于引用和参考文献的核心技术和技巧。

● **少用直接引用，多用间接引用**

大批量的直接引用，会让读者质疑学者的基础能力。身为一位 SSCI 期刊的副主编，每次看到投稿论文时，我都会将直接引用的数量作为一个关注点。一般来说，学术论文中直接引用越少越好，一篇毕业论文中的直接引用更是不要超过个位数。

那么，我们首先需要明确：什么叫直接引用？直接引用，顾名思义就是在文章中，引用原话、原始数据和原始图表等。与抄袭最大的不同之处在于直接引用会清晰地标注出处。论文

里边关于变量的概念界定多使用直接引用的方式。图 1 就给出了一个很好的示范：一是对引用的原文部分使用引号；二是尽量引用短句，最好不要直接引用大篇幅段落；三是要标注页码。关于页码，可能会有同学抱着侥幸心理，觉得没有人会去翻找，就随手瞎编一个。事实上，很多人都喜欢去翻看查阅出处，所以大家一定要实事求是。

Psychological detachment

Etzion, Eden, and Lapidot (1998) coined the term detachment within respite research by describing it as "the individual's sense of being away from the work situation" (p. 579). It refers to a subjective experience and goes

图1　直接引用示例[11]

间接引用，如图 2 所示，是在原文献原话的基础上再加工，用自己的话对需要解释的信息进行改述，在总结分析的基础上体现出自己的理解和观点。一篇论文中绝大部分的引用都是间接引用。间接引用实际上就是"别人的观点＋自己的语言"，其中"自己的语言"要加入自身的思考与想法。

The finding that job stressors make psychological detachment more unlikely is not trivial because when facing job stressors, employees will experience a higher need for recovery (De Croon, Sluiter, & Blonk, 2004). Thus, although need for recovery increases when stressor levels are high, the most likely response to these stressors is not detachment from work but keeping up a mental connection to work, possibly triggered by high levels of negative activation. In the following section, we will discuss how the stressor-detachment model could be further extended. We will suggest directions for future research and will elaborate on possible practical implications.

图2　间接引用示例（出处同图1）

11　SABINE SONNENTAG1* AND CHARLOTTE FRITZ. (2015). Recovery from job stress: The stressor-detachment model as an integrative framework. *Journal of Organizational Behavior*, 36, S72–S103. DOI: 10.1002/job.1924

● 一手文献优先于二手文献，确保引用来源的权威性

一般在论文中用于佐证观点的文献，可以是学术期刊、书籍、权威媒体文章等，但经常会有同学引用一些网站报道，甚至是自媒体文章。一般来说，这类引用由于未经专家讨论，会带有一定的偏见性。对于网络文献，一定要从第一源出网站、网页引用，而不是转载网页，而且要尽量出自权威网站。在对学术期刊和书籍引用的时候，也要尽量引用原始文献，避免使用二手文献，因为你无法保证转述者是否引用错误或者断章取义。

当然，如果二手文献对原始文献中与所写的相关内容有帮助，或者当你无法直接找到原始文献资料的时候，也可以适当引用二手文献。二手文献的标注可以使用以下表述：引自、转引自、cited in（APA 格式）、quoted in（MLA 格式），或者 cf.（cite from）。例如，下边的段落中就使用 cf. 标记了文献的转引。需要注意的是，二手文献的天然缺陷是转引的观点与原始文献中的观点可能存在偏差，而这里边的偏差又相对较难判断。所以，在引用二手文献的时候，要尽量引用专业领域里的"大咖"级人物的著作。

"Our theorizing and supportive evidence enhances our

understanding of within-job inequality on a broad level and equity-based pay more specifically. First, we contribute to literature challenging the view that within-job inequality is unimportant to understanding gender pay gaps (cf., Chan & Anteby, 2016; Elvira & Graham, 2002; Fulmer & Shaw, 2018; Gupta et al., 2012)."[12]

此外，在 Cite This For Me 的官网上，大致从文献来源的目的性、权威性、准确性、相关性、实效性和全面性六个方面，提供了一些检验引用文献是否严谨的因素[13]，大家可以以此作为衡量参考。

- 目的性：文献存在的原因

  信息的意义在于告知、说服、传授或销售?

  作者/发布者是否明确表达了他们的意图?

  这些信息是事实还是观点?

  这个观点公正吗?

12　Klein, F. B., Hill, A. D., Hammond, R., & Stice-Lusvardi, R. (2021). The gender equity gap: A multistudy investigation of within-job inequality in equity-based awards. *Journal of Applied Psychology*, 106(5), 734–753. https://doi.org/10.1037/apl0000809

13　资料来源 https://www.citethisforme.com/harvard/source-type

- ==权威性（作者、发布者）：信息来源==

  作者是谁？他们的资历是什么？

  是什么让作者 / 发布者有资格写 / 发布这个话题 / 作品？

  是否有作者的联系方式？

  发布者是谁？它是非营利组织、政府机构还是组织？这
  会如何影响他们的观点？

  关于发布者，URL 能告诉你什么？例如，gov 可能意味
  着它是一个政府机构。

- ==准确性：内容的可靠性和真实性==

  这些信息来自哪里？

  所提供的信息能被核实吗？是否有明确引用的证据
  支持？

  使用的语言是否公正客观？

  有拼写或语法错误吗？如果是网络资料，所有链接都有
  效吗？

  如果是复制的，是谁编辑 / 复制的？这些信息最初是在
  哪里发布的？

  作品中的创意有多新颖？它们是常识吗？

- ==相关性：信息对你的主题的重要性==

  这些信息是否与你的主题有关，或者回答了你提出的

问题？

这部作品的目标受众是谁？与你的受众是一致的吗？

你看过其他与此相关的资料吗？

你是在利用整个资源，还是其中的一部分？

- 时效性：信息的及时性

信息是什么时候公布的？上次更新是什么时候？它是否反映了可用的最新信息？

你的主题如何与此来源的发布日期相适应？

你是需要最新的信息来表明你的观点，还是旧的信息来源更有效？

- 全面性

消息来源是否对你的话题提出了一个或多个观点？

消息来源是否提供了有关该主题的大量信息？还是短小精悍？

你觉得有没有什么地方被有意或无意地遗漏了，从而影响了它的全面性？

● **重视文献引用格式，确保学术规范**

就像在考试的时候，"保持卷面整洁"能够给阅卷老师留下良好的第一印象一样，规范的论文引用格式也是一篇论文的门

面。目前学界的英文文献引用多采用三种格式：Harvard Style
（哈佛大学格式）、APA（American Psychological Association，
美国心理学会格式）和 MLA（Modern Language Association，
现代语言协会格式）。中文文献引用格式一般比较固定，多采
用国家标准《信息与文献—参考文献著录规则》（GB/T 7714—
2015）。在投稿期刊或撰写毕业论文的时候，各个期刊及学校会
具体规定所采用的格式，大家按照要求严格遵守即可。

文中引用和文末的参考文献引用是可以同步进行的。下边
我们以两种文中引用的常用形式为例，给大家介绍一下分别如
何做。

第一种形式是顺序编码制，例如《南开管理评论》采用的
就是这种文中引用形式（图 3）。

关键词 家族企业；非家族高管；创新期望落差；社会情感财富；创始人

引言

家族企业在世界各国或地区的国民经济中均占据举足轻重的地位。[1]在美国，超过三分之一的标准普尔(S&P) 500 强企业为家族企业；[2,3]在亚洲，有研究调查 9 个东亚经济体(不包括中国大陆) 2980 家上市公司后发现，其中超过三分之二的上市公司由家族或个人控制；[4]而在中国，家族企业占据着私人部门的 85.4%。[5]对任何企业而言，具备与自身商业文化、战略和运营需求相匹配的高管对其生存发展都具有重要意义，[6]虽然家族企业研究领域的学者普遍认为，家族企业更倾向于任命家族成员而非职业经理人担任高管，[7,8]但无法忽视的一个客观现实是：近年来，家族企业高管团队之中非家族高管的占比呈现出了增加趋势，[6,9-13]即家族企业"去家族化"现象逐渐增加。

图3   顺序编码制引用格式[14]

---

14   钟熙，任柳杨，任鸽 . 家族企业 "去家族化" 研究：创新期望落差视角
[J]. *南开管理评论*，2022,(1):1~0

　　顺序编码制下，文献引用的文中标注与文献列表的对应，可以借助交叉引用的方式实现。为什么要使用交叉引用呢？因为文内引用需要与参考文献列表中的文献建立一一对应的关系，这需要在撰写的时候就养成良好的习惯。我看到有很多同学都是到最后才一个一个插入对应的文献序号，这不仅耗费大量的时间，还需要重新判断哪条文献是和哪句话相对应的。更让人崩溃的是，可能刚手动标注好对应序号，就发现前文中又有新的文献需要插入，牵一发而动全身，后面的又要一一更改。好的解决办法是，使用 Word 中自带的"交叉引用"功能，将参考文献的文中标注和末尾文献列表对应起来。

　　具体地，设置交叉引用的前提，就是将参考文献中的每一条文献进行编号。这里多说一句，被编号的参考文献可以通过知网或者文献管理工具 NoteExpress 导出。编号的具体方法是：在菜单栏的"开始"中，点击"编号库"（图 4），选择参考文献要求的标号格式（图 5），直接插入就可以了（图 6）。

图4　参考文献编号库

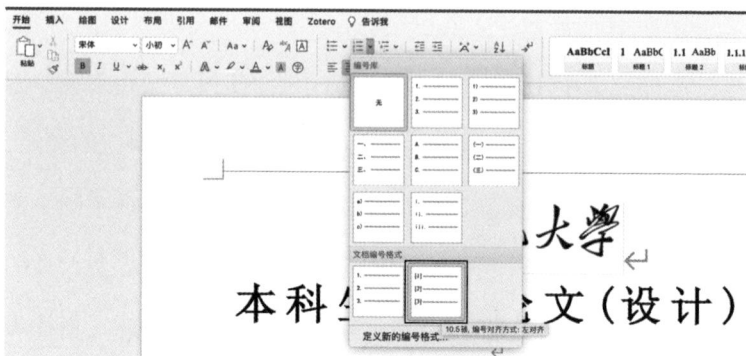

图5　参考文献标号格式

参考文献

[1]　国家发展改革委, 外交部, 商务部. 推动共建丝绸之路经济带和 21 世纪海上丝绸之路的愿景与行动[N]. 人民日报, 2015-3-29, 第 004 版要闻.

[2]　孟辽阔. "一带一路"视野下的巴基斯坦战略地位及其现实路径探析[J].《世界经济与政治论坛》, 2015 (7): 29-45.

[3]　Yoichi Hirota. The Role of Project Managers and Risk Management System for the Overseas Construction Project[J]. *Kochi University of Technology Academic Resource Repository, 2006(3).*

[4]　SQ Wang, RLK Tiong, SK Ting, D Ashley. Foreign exchange and revenue risks: Analysis of key contract clauses in China's BOT project[J]. *Construction Management & Economics, 2000, 18 (3): 311-320.*

[5]　Ishida Masami, Evaluating the Effectiveness of GMS Economic Corridors: Why is There More Focus on the Bangkok-HanoiRoad Than the East-West Corridor? [J] *Institute of Developing Economics, 2007, 123 (10): 1-14.*

[6]　周方银. "一带一路"面临的风险挑战及其应对[J].《国际观察》, 2015 (4): 61-72.

图6　参考文献编号示例

　　之后就可以用交叉引用的方式，在论文中对引用内容进行标注。在菜单的"引用"下，点击"交叉引用"的选项（图7），你就可以看到参考文献列表中的每一条文献，选定对应的文献，直接插入（图8）即可。这样在你点击角标序号的时候，就会自动跳转至文末参考文献中所对应的文献（图9）。

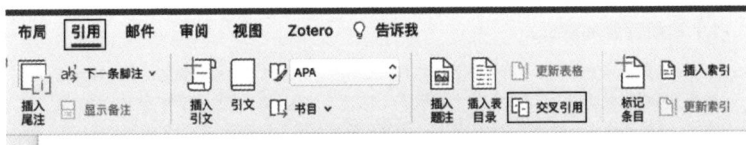

图7　交叉引用功能

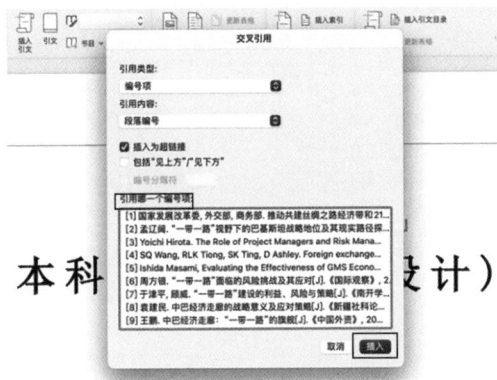

图8　参考文献插入

▪1.1 选题背景和意义

当今国际形势正处于一个复杂而又深刻的变革阶段，全球经济缓慢复苏，各国依然面临着严峻的发展问题。在这种世界大环境下，共建"一带一路"顺应世界多极化、经济全球化、文化多样化、社会信息化的潮流，秉持开放的区域合作精神，致力于维护全球自由贸易体系和开放型世界经济体系[1]。

图9　参考文献插入

这种方式最大的优点是，当你的论文内容不断往下推进，增加新的参考文献时，就不需要对之前已经设置好的引用标注逐个手动更新了，只需要点击"更新域"（图10），引用序号就会根据新编号的参考文献列表进行更新。

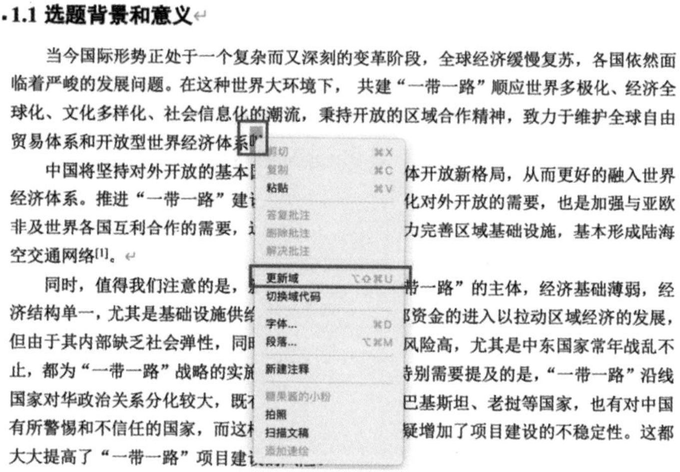
1.1 选题背景和意义
当今国际形势正处于一个复杂而又深刻的变革阶段，全球经济缓慢复苏，各国依然面临着严峻的发展问题。在这种世界大环境下，共建"一带一路"顺应世界多极化、经济全球化、文化多样化、社会信息化的潮流，秉持开放的区域合作精神，致力于维护全球自由贸易体系和开放型世界经济体系
中国将坚持对外开放的基本
体开放新格局，从而更好的融入世界经济体系。推进"一带一路"建
化对外开放的需要，也是加强与亚欧非及世界各国互利合作的需要，
力完善区域基础设施，基本形成陆海空交通网络[1]。
同时，值得我们注意的是，
带一路"的主体，经济基础薄弱，经济结构单一，尤其是基础设施供
部资金的进入以拉动区域经济的发展，但由于其内部缺乏社会弹性，同
风险高，尤其是中东国家常年战乱不止，都为"一带一路"战略的实施
特别需要提及的是，"一带一路"沿线国家对华政治关系分化较大，既
巴基斯坦、老挝等国家，也有对中国有所警惕和不信任的国家，而这
疑增加了项目建设的不稳定性。这都大大提高了"一带一路"项目建
剪切
复制
粘贴
答复批注
删除批注
解决批注
更新域
切换域代码
字体...
段落...
新建注释
拍照
扫描文稿
添加速绘

图10　参考文献自动更新

第二种文中引用的形式是：作者 + 出版年份。例如《心理学报》多采用的就是这种文中引用形式。这种文中引用的模式也是大部分英文期刊会采用的模式。例如：

"在日常生活中，人们经常需要做出决策。这些决策行为既可以发生于某个特定时间节点，也可以发生于不同的时间节点，后者即为跨期决策（Intertemporal Choice），它是指个体通过对发生于不同时间节点的成本与收益的心理权衡而做出选择的过程（Frederick et al.，2002）。"

（* 文献来源：宋锡妍，程亚华，谢周秀甜，龚楠焰，刘雷.（2021）.

愤怒情绪对延迟折扣的影响：确定感和控制感的中介作用.心理学报，53（5），456—468）

对于这种引用方式，同样可以使用工具辅助。这里就以我们在第一部分第 1 章中提到过的工具软件 Zotero 为例，给大家做一个示范。

在下载安装 Zotero 后，Word 的菜单栏中会显示"Zotero"。点击之后可以看到"加入 / 编辑引用"（Add/Edit Citation）和"加入 / 编辑参考文献"（Add/Edit Bibliography）这两个选项，分别对应"文中引用"和"参考文献列表"（图 11）。如果想在文中插入所引用的文献，点击"Add/Edit Citation"，这时候就会自动跳转至 Zotero，可以看到在"引文样式"中有很多参考文献的标准格式（图 12），具体的引用格式可以根据需要进行选择。

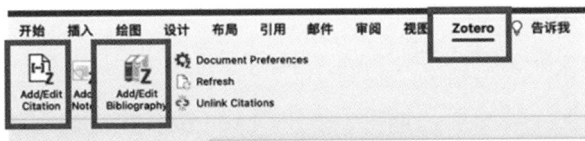

图11　Zotero在Word中显示

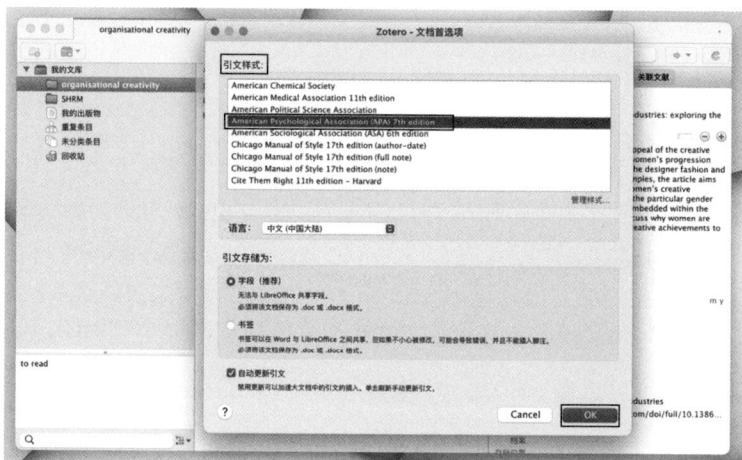

图12　参考文献标准格式

这里以 APA 为例，我们来看一下怎么做。在选中需要的引文样式之后，点击"OK"，就会出现如下界面（图 13）。同时，文章中需要插入引用的地方也会出现"Citation"的字样（图14）。这时，你只需要在 Zotero 中输入需要插入的文献标题（图15），选中需要引用的文献（图 16），再按回车键，就可以发现引用已经在论文中相应的地方插入了（图 17）。最后，在需要插入参考文献列表的地方，点击"Add/Edit Bibliography"（图18），会直接生成与文中引用相对应的所有参考文献（图 19），其格式也符合我们最初选择的引用样式。

not recognized for their creative achievements to
the same degree as men.

日期　01/2009

图13　Zotero跳转示意

In the spirit of open regional cooperation, working together to build "The Belt and Road", complying with the trend of multi-polarization, economic integration, cultural diversity, and society informatization, is committed to uphold the liberal global system of trade and the open world economy.{Citation}

图14　Word中引用显示

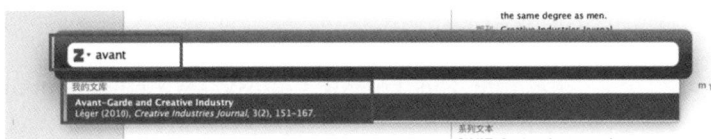

the same degree as men.

我的文库
Avant-Garde and Creative Industry
Léger (2010), *Creative Industries Journal*, 3(2), 151–167.

系列文本

图15　Zotero搜索

creative sector; and to discuss why women are not recognized for their creative achievements to the same degree as men.

日期　01/2009

图16　Zotero文献插入

In the spirit of open regional cooperation, working together to build "The Belt and Road", complying with the trend of multi-polarization, economic integration, cultural diversity, and society informatization, is committed to uphold the liberal global system of trade and the open world economy (Léger, 2010)

图17　文中引用插入

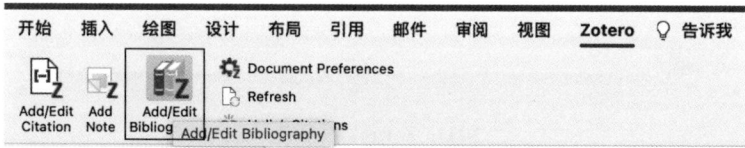

图18 形成参考文献列表

References

[1] Léger, M. J. (2010). Avant-Garde and Creative Industry. *Creative Industries Journal*, 3(2), 151–167.

https://doi.org/10.1386/cij.3.2.151_1

图19 参考文献示例

除了上边提到的工具，还有一些常用的网站，大家可以去尝试一下，例如 Cite This For Me（https://www.citethisforme.com）、Endnote（https://endnote.com）和中国知网（https://www.cnki.net）等，都是比较方便、省时的选择。

第 8 章

舌战群雄，评委老师都认可的论文答辩攻略

论文整体大功告成，离毕业就又近了一步——万事俱备，只欠答辩。答辩也是让很多同学焦虑担忧的环节。还记得吗，上一次这么大规模地被审视大概还是开题答辩。这种面对评价的感受，对于很多人来说是"惊悚"的。从答辩前的准备工作，到答辩过程中的技巧和注意事项，在这一章中，你将找到答案。

● 答辩前"六大要素清单"

在答辩之前，大家一定要牢记"六大要素清单"（图 1）：打印论文文档（数量请遵照学院通知要求）、纸和笔、U 盘备份 PPT（可以多带几个 U 盘，以防电脑识别出现问题）、答辩时间、答辩地点和答辩顺序。这里特别提醒大家，如果是线上答辩的话，要注意提前调试设备，同时根据学校的要求做好相关准备。

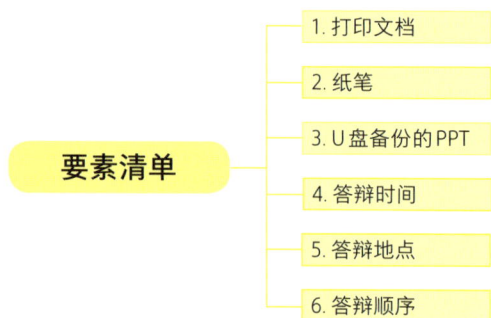

图1　答辩前"六大要素清单"

● 答辩技巧攻略

答辩怎么做？其实一句话就能总结：用简洁、直接、有逻辑的语言，向别人展现你的研究和努力。这里的关键词是"别人"，所以答辩不是表彰大会，不是诉苦大会，更不是邀功大会。你的目的并不是展现自己干得多苦、干得多多，而是让"别人"在大面上认可。心中有研究，同时有"别人"，这样就容易通过，不然答辩很容易转化成一场可怕的批评大会，这就麻烦了。同学们，心法要记牢哦。

具体地，答辩大致包含几个部分：自我介绍、研究概览、研究背景、文献综述、研究内容、研究结果以及研究意义、局限与展望。在短暂的答辩陈述时间中（一般不到30分钟）涵盖这么多内容，这就意味着你需要做到详略得当，合理安排时间。同时，可以将每一位老师当成你汇报的"听众"。不同于论文的

"读者"，听众的思绪会跟着你汇报的语言和逻辑进行推进，所以语言上要注意句子的衔接，尽量用短句，这样更容易让老师跟上你的节奏。

这里插播一段答辩老师的"内幕"：虽然是一个系或者一个学科的答辩，但学术研究的世界浩如烟海。有非常多的话题其实老师也是不熟悉的，甚至可以说是陌生的，或者一知半解的。大家千万不要觉得，老师什么都知道、什么都懂，他们说的都得听。这是很大的误区。做答辩汇报的时候，你的受众是专家没错，但是这些专家也需要你用平实的语言去做说明，该说到位的东西一定不要略过去。

下边我们来看一下各个部分需要注意的地方。自我介绍作为开场白，一句话足矣，这里给大家一个比较标准的话术模板："各位老师，下午好，我是某某某，下面我来汇报毕业论文，题目是 ×××。"（图2）要注意，一定要在这一部分把你的论文题目完整说一遍，这样做一方面可以引起评委老师们的注意力，另一方面也能让他们知道你汇报的主要内容是什么。

接下来，用三到四句话对研究做一个总结概括，这部分的内容主要来自论文的摘要。例如："本文主要在 ×× 情境下，基于 ×× 理论，运用 ×× 方法，研究了 ×× 问题。"（图2）不同的学科可能概括的重点不同，但都需要趁着评委老师的注意力还比较集中的时候，直截了当地表明你的研究做了什么，让他们在脑海中搭建出一个整体框架。

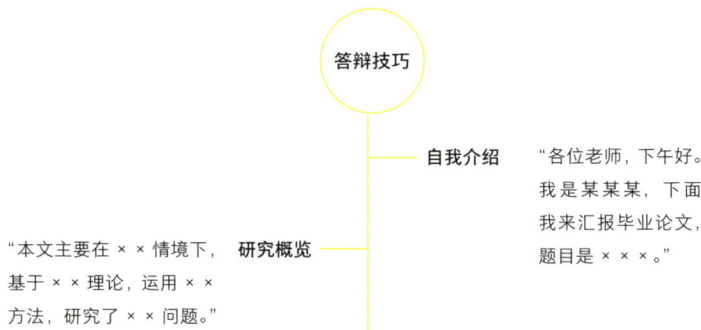

答辩技巧

自我介绍　"各位老师，下午好。我是某某某，下面我来汇报毕业论文，题目是×××。"

"本文主要在 ×× 情境下，**研究概览**基于 ×× 理论，运用 ×× 方法，研究了 ×× 问题。"

图2　自我介绍和研究概览的答辩话术

下边开始介绍研究背景，说明研究问题的重要性和迫切性，指出研究问题以及你的主张。例如："随着 ×× 的发展，×× 问题越发引起重视。考虑到现有的研究在 ×× 方面的不足，本文重点聚焦于 ×× 问题。"（图3）这一部分要注意：切忌"读论文"。答辩的时间是很有限的，语言一定要做到凝练，需要对论文里面的内容进行总结。

接下来是文献综述部分，在答辩的时候只需要做基本的述评即可。这部分要做到简练，可以使用表格和图的形式去展现。例如："现有的研究主要从几个角度展开，运用了 ×× 方法，提出了 ×× 内容，进展喜人，发现颇多，但仍然存在 ×× 问题和局限。"（图 3 ）在这里要注意，千万不要大段地读前人的文献和成果，要有自己的思路和观点。

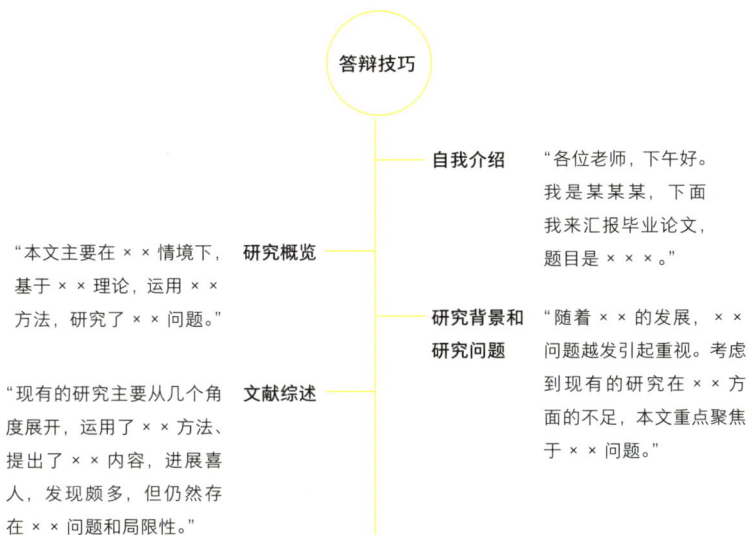

答辩技巧

自我介绍　　"各位老师，下午好。我是某某某，下面我来汇报毕业论文，题目是×××。"

"本文主要在××情境下，基于××理论，运用××方法，研究了××问题。"　研究概览

研究背景和研究问题　　"随着××的发展，××问题越发引起重视。考虑到现有的研究在××方面的不足，本文重点聚焦于××问题。"

"现有的研究主要从几个角度展开，运用了××方法、提出了××内容，进展喜人，发现颇多，但仍然存在××问题和局限性。"　文献综述

图3　研究背景和文献综述的答辩话术

　　完成了研究背景之后，接下来就是"重头戏"：研究内容。在这一部分要注意，表述的层次一定要足够清晰，要用最简单的方式让评委老师理解、听清楚你的逻辑（图 4 ）。这里有一个技巧：用图来展示，并且依图解释。也就是说，不需要一张一张去过 PPT，可以把核心内容以模型或者图的方式展示在一两张 PPT 上。这样内容会显得紧凑，老师们理解起来也更容易看到整体。同时，在答辩陈述的过程中，老师们大部分时间都

在低头翻你的论文，这时候你就需要反复强调，时刻提醒他们"在说什么，说到哪了"。语速可以适当快一点，语言清晰一点，不要太慢太拖沓。

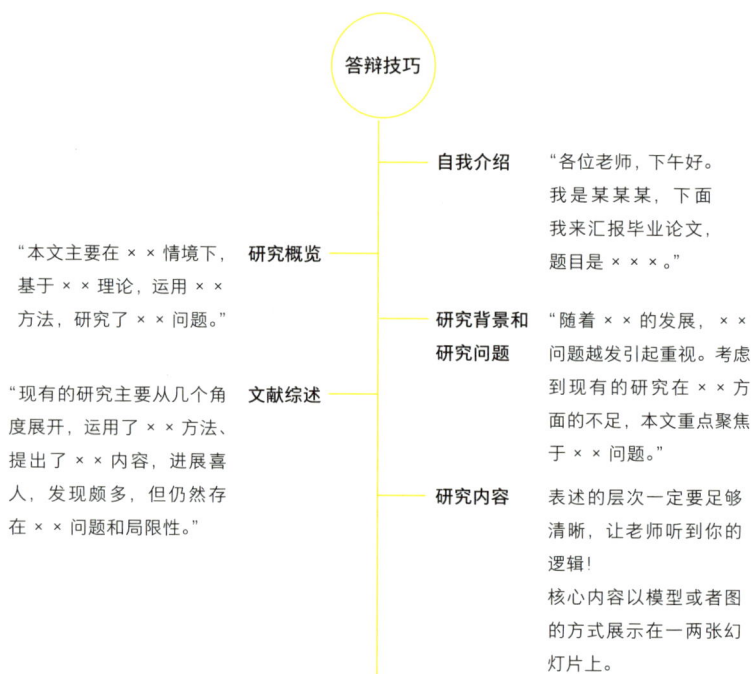

图4　研究内容的答辩技巧

　　这里额外提醒一句，有些人可能觉得自己的论文里用了个特别美妙的模型或者算法，生怕老师们看不到，于是就用大段不成比例的时间来解释。请千万不要这么做，这是答辩中的大"雷区"。这种做法不仅特别费时间，还费力不讨好。想想看，如果老师是小同行，他一看你的亮点，就能知道你想表达什么。如果他不懂，那你说这个做什么呢？学术讲究审美，答辩的过程中就不用训练别人的审美观了。不然，最后可能模糊焦点，得不偿失。

接下来到了研究结果部分，这部分需要分层次分条叙述，例如："模型分析结果表明，第一点……第二点……第三点……对××问题得出了××结论。"（图 5）这部分可以与之前的研究背景和问题部分形成一个呼应。

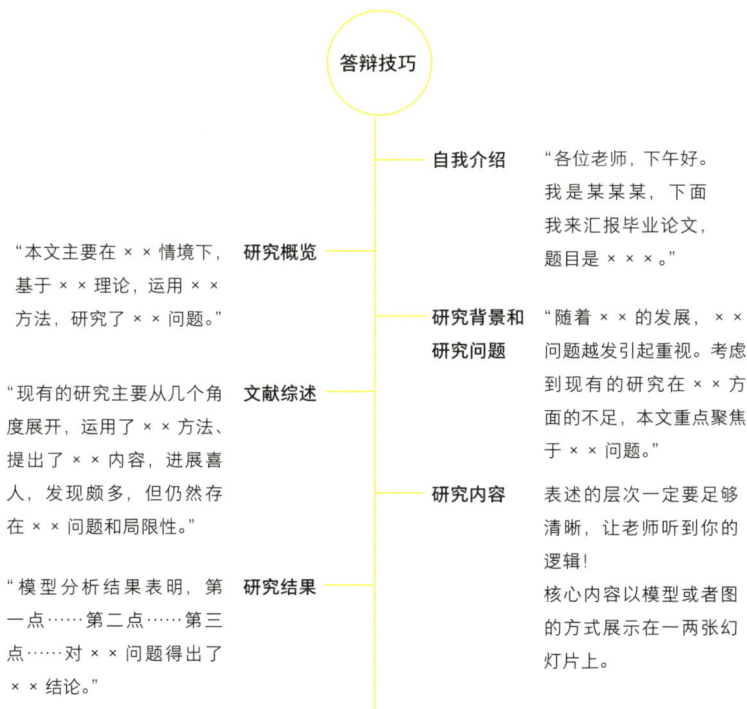

答辩技巧

研究概览
"本文主要在××情境下，基于××理论，运用××方法，研究了××问题。"

文献综述
"现有的研究主要从几个角度展开，运用了××方法、提出了××内容，进展喜人，发现颇多，但仍然存在××问题和局限性。"

研究结果
"模型分析结果表明，第一点……第二点……第三点……对××问题得出了××结论。"

自我介绍
"各位老师，下午好。我是某某某，下面我来汇报毕业论文，题目是×××。"

研究背景和研究问题
"随着××的发展，××问题越发引起重视。考虑到现有的研究在××方面的不足，本文重点聚焦于××问题。"

研究内容
表述的层次一定要足够清晰，让老师听到你的逻辑！
核心内容以模型或者图的方式展示在一两张幻灯片上。

图5　研究结果的答辩话术

之后是研究意义、局限与展望部分，这部分的重点要放在研究的创新点和研究意义上，例如："该研究在理论上完善／拓展／延伸了……在实践上对××问题提出了××建议和对策，具有××的理论意义和实践意义。"（图6）在这一部分中，还要提一下研究的局限和对未来研究的展望。

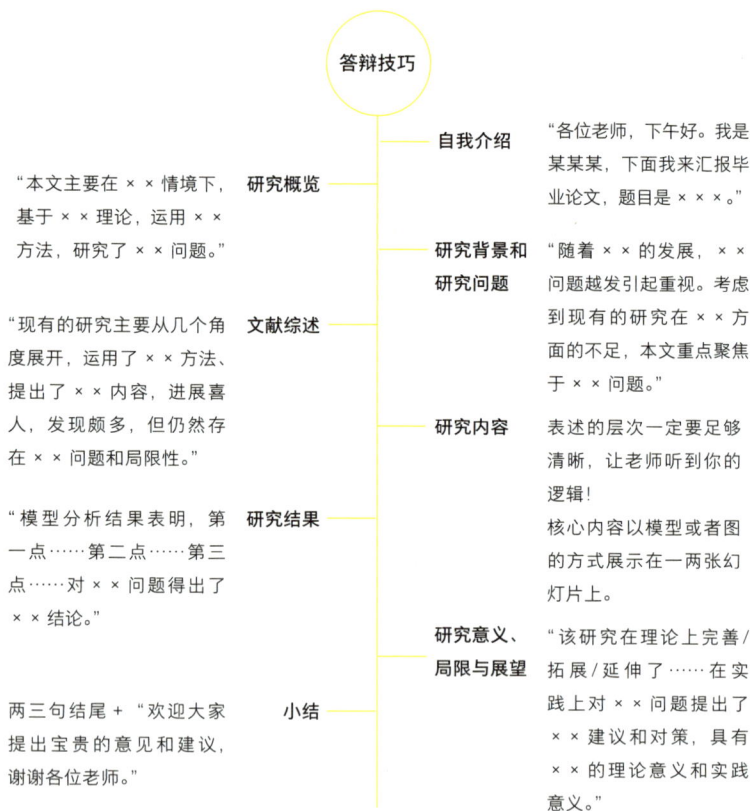

答辩技巧

自我介绍
"各位老师，下午好。我是某某某，下面我来汇报毕业论文，题目是×××。"

研究概览
"本文主要在××情境下，基于××理论，运用××方法，研究了××问题。"

研究背景和研究问题
"随着××的发展，××问题越发引起重视。考虑到现有的研究在××方面的不足，本文重点聚焦于××问题。"

文献综述
"现有的研究主要从几个角度展开，运用了××方法、提出了××内容，进展喜人，发现颇多，但仍然存在××问题和局限性。"

研究内容
表述的层次一定要足够清晰，让老师听到你的逻辑！
核心内容以模型或者图的方式展示在一两张幻灯片上。

研究结果
"模型分析结果表明，第一点……第二点……第三点……对××问题得出了××结论。"

研究意义、局限与展望
"该研究在理论上完善／拓展／延伸了……在实践上对××问题提出了××建议和对策，具有××的理论意义和实践意义。"

小结
两三句结尾＋"欢迎大家提出宝贵的意见和建议，谢谢各位老师。"

图6 研究意义和小结的答辩话术

最后是一个简要的小结，两三句结尾即可。例如："**欢迎大家提出宝贵的意见和建议，谢谢各位老师。**"（图6）到这里，答辩演讲部分就大功告成了。

● 答辩问答环节

讲完自己的研究之后，是答辩问答环节。这里给大家传授一个重要心法：你，是这个世界上对自己论文最熟悉的人，一定要有信心；老师们所提出的都是疑问，不是质疑。我发现有很多同学面对老师的提问，可能根本没听懂就急于回答，想混过去。但实践中，哪里有这么简单。如果没听清楚或是没理解老师的问题，可以麻烦老师再说一遍。我们面对提问，一定要确保"审题清晰"，不要急，可以稍做停顿，给自己思考的时间，再进行回答。面对老师可能出现的打断，也是一样，不要着急，稳住，要坚信这是一个交流的过程。这个过程中，自信是非常加分的。

在提问环节中，最常见的有以下三类问题。

第一类是格式问题。格式是门面，是最容易被评委老师们提问的内容。经常有同学吐槽：为什么老师非抓着我的错别字不放？这其实很好理解。细节代表态度，一眼就能看出来的串行、乱表和引用文献的错误，很容易就让人从简单的格式错误联想到你对待论文的态度，甚至合理怀疑论文的质量。所以，大家一定要反复认真检查自己论文的格式和幻灯片的呈现。

第二类是对论文内容的提问。比如让你具体讲讲某个部分，把细节说清楚。这种情况就需要你对论文足够了解，老师一问，你就知道所述部分的具体位置和内容。所以，你手边要备有自己的论文。老师问到哪个问题，你也可以翻开查看。这样显得比较专业，有备而来。

第三类问题会更为深入，老师会针对一个他所看重的点进行延伸，很可能这个问题的答案没有直接体现在你的论文中，需要你根据情况作答。比如"在研究过程中，你对于 X、Y、Z 等人的不同见解是怎么理解的""你对于流派是怎么看的"。听到这类问题，不少同学瞬间大脑空白，内心慌张不知所措，觉得如果回答不好，那答辩注定不能通过。其实不然，我们需要明确一点，论文完成后就意味着你成了你所研究的领域的专家。但即便是专家，也不意味着你必须知道所有的答案，所以不用害怕。这类问题的回答要尽量去贴近自己的论文，把老师引导回论文的主线，说你自己熟悉的和论文相关的内容。

如果出现实在答不上来的情况，大方承认就好，不要试图编造答案。最重要的是，一定不要做出防御式的反驳，给自己找理由、找借口，或者是去"怼"老师，例如"我记得写了""我研究的不是这个问题啊""我导师说这样就可以呀"。在这样的极短时间里，评委老师可能会出错，但请记住：大部分老师不是在故意找碴，他们既没必要为难你，更没必要故意刁难你。所以即便是老师说的不对，也要保持良好的态度，积极回答，陈述清楚即可。

第三部分

科研进阶指南

第1章

发表审美观：高端的文献＝低调的语言＋美妙的逻辑

在此前的章节中，从决定第一印象的标题摘要，到余韵无穷的结果讨论，我们逐一介绍了一篇标准学术论文各主要组成部分的写作要点。然而，很多同学仍然对怎么将各部分有机组合起来、各部分内部之间如何铺排等问题感到困惑。自己不眠不休、苦心写就的论文为什么总是被导师或审稿人批评"写得不好"？那些在顶刊上发表、在课堂中研讨的"高端文献"为什么让人看上两眼就觉得"写得真好"？决定一篇文章写得"好"还是"不好"的核心标准是什么？

很多同学都会在这个问题上陷入误区，一部分人认为"写得好"是一种只能意会、不可言传的整体感受，另一部分人则把"写得好"偏颇地理解为堆砌华丽的辞藻和复杂的句式。事实上，把论文写好不仅是有章可循、有道可行的，而且核心并不在于词汇、句式，甚至语法也是位列其次。在我看来，高端的文献等于低调的语言加上美妙的逻辑——逻辑才是一篇论文

"好" 与 "不好" 的核心标准。

逻辑，作为一个有些抽象的概念，应该如何具体地在我们的论文中得到体现呢？在这一章中，我将教大家如何从三个层次理清论文的大逻辑（文章的谋篇与布局）、中逻辑（段落的衔接与展开）和小逻辑（句子的组织与润色）。同时，在讲解的过程中，我会和大家探讨一个快速提升学术写作语言逻辑的技巧，那就是 "有智慧地模仿"。

● 文章的谋篇与布局

戴着镣铐起舞，遵循论文写作的范式

学术论文是研究者之间进行学术对话、分享科学发现的重要形式。统一的结构范式是学术界在长期探索中逐渐形成的、获得广泛认可的，并且有利于其他研究者更快捷地、没有障碍地获取研究的核心信息，判断你的研究有无贡献。我们希望尽可能地在研究问题和研究方法上取得突破，而不是在论文的框架结构上标新立异。

例如，通常而言，一篇实证研究论文基本的组成部分包括标题（Title）、摘要（Abstract）、引言（Introduction）、理论与假设（Theory and Hypotheses）、研究方法（Methods）、研究结

果（Results）和讨论与总结（Discussion and Conclusion）。这个结构并不复杂，如果你研读过一些实证研究学术论文，应该已经对它十分熟悉了。

在自己撰写学术论文时，需要做到三个原则：完整、有序和准确。首先，一篇文章的框架结构应当是完整的。如果缺失了某一部分，或者某一部分应有的内容没有得到呈现，就会造成明显的逻辑断层。例如，在"理论与假设"中，如果你忽视了"理论"的部分，没有阐述理论框架，也没有进行文献综述，没有对既往研究的贡献和空白做出相应的回顾，那么你提出的假设就很容易被认为是缺乏依据的、没有逻辑的。

其次，一篇文章的框架结构应当是有序的。各部分的前后顺序本身就是一种"从发现问题，到分析问题，再到解决问题，最后到反思问题"的逻辑，不能随意颠倒。无论是提出研究假设时就大谈如何进行研究设计，还是在没有得出结果之前就分享研究的实践启示，都会让你的思路显得过于跳跃、凌乱不堪。

最后，一篇文章的框架结构应当是准确的。每部分的内容应当符合该部分在整篇文章中的定位。例如，导言在文章中的职能首先是突显研究问题的创新性和重要性，其次是清晰地概述整个研究的内容和思路，显然，它应当提及"理论与假设"部分的内容，但如果过于详细地展开，就有"喧宾夺主"或是

“挂羊头卖狗肉”的嫌疑了。

如果我们能够完整地、有序地、准确地遵循论文写作的范式，而不是缺失地、颠倒地、偏差地组织论文结构，文章基本的逻辑骨架就立住了。不过，即使是遵循着统一的结构，所产出的文章质量仍然可能有着天壤之别。这是为什么呢？我们来看下边的部分。

从洋葱芯反剥，突显核心创新点

论文写作中有一个常见的错误：失焦。通俗来讲，就是跑题。这个问题经常出现在一些接受过基础学术训练的同学的文章中。而这个问题很隐匿，导致很多人不觉得自己研究不顺利是因为它。其实，经常失焦反映出的深层问题是，作者缺少全局意识，思维过于发散，无法围绕一个固定的问题来组织有逻辑的阐述和论证。

一篇好的文章像一颗洋葱，环环嵌套，层层递进，用严密的解释、论证和分析包裹住洋葱的芯。而建构一篇文章，是一个从洋葱芯向外反剥的过程，这个“芯”就是你的研究的核心创新点。如果不能在文章中一以贯之突显出你的研究的核心创新点，想要说服审稿人和主编是相当困难的。

各个学科的核心创新点可能有所不同，有个好办法是去所研究领域的顶刊网站，看一下这些顶刊的目标。例如，在管理学顶刊《美国管理学会学报》(*Academy of Management Journal*，AMJ) 的网站首页 [15] 上有着这样的阐述：

"The mission of *Academy of Management Journal* (AMJ) is to publish empirical research that tests, extends, or builds management theory and contributes to management practice. All empirical methods including, but not limited to, qualitative, quantitative, field, laboratory, meta-analytic, and mixed methods are welcome. To be published in AMJ, the research must make strong empirical and theoretical contributions and the manuscript should highlight the relevance of those contributions to management practice. Authors should strive to produce original, insightful, interesting, important, and theoretically bold research that demonstrates a significant 'value-added' contribution to the field's understanding of an issue or topic."

---

15 https://aom.org/research/journals/journal.

这个阐述开宗明义地指出《美国管理学会学报》的使命是"发表实证研究,以检验、扩展或构建管理学理论并为管理实践做出贡献"。在研究方法上,包括但不限于定性、定量、现场、实验室、元分析和混合的实证研究方法。在研究贡献上,在《美国管理学会学报》上发表的研究,必须做出强有力的实证和理论贡献,并且要突出这些贡献与管理实践的相关性。作者应努力进行原创的、有见地的、有趣的、重要的和具有理论创新的研究,以展示该领域对某个问题或主题理解方面的重大"增值"贡献。

在社会科学中,核心创新点大致可分为两类:一类是基于理论的创新,即填补某个领域的研究空白(Research gap),例如探究某个变量的前因后果,理清某项关系的内在机制,加入新的情境变量,或是弥补既有理论缺失的重要逻辑等;一类是基于现象的创新,回应实践现象中尚无法用既有理论和技术来分析、预测和解决的问题,针对实践问题来开发新的概念和测量工具,采用新的数据收集与分析方法,提出新的理论框架等。这两类创新恰好体现了《美国管理学会学报》官网的使命阐述中"强有力的实证与理论贡献,且应突出这些贡献与管理实践的相关性"的发表要求。

作为一名初学者,练习反剥洋葱的最佳办法就是模仿。首先，你应当精准定位自己研究的核心创新点，提醒自己在行文中保持聚焦。完成定位之后，无论你的研究体现了哪一种类型的创新，你都可以在自己领域的顶尖期刊中找到同属一种创新类型的文章。注意是创新类型的基本一致，而不是研究主题的完全相同。找到 2~3 篇同你的创新类型最为契合、写得最好的文章。在开始你的写作前，对这些文章进行研读与总结，分析它们是如何建造自己的"洋葱"的。在写作中，你也可以将它们打开放在一边，当你笔墨停滞、思路打结的时候，再次阅读它们能帮助你重新获得灵感和理清思路。

● **段落的展开与衔接**

段落内部的展开：主旨 + 论证 + 结论

　　与其他文体的写作不同，学术论文写作的风格是简洁明快、开门见山。相应地，段落的结构也较为固定。通常而言，一个段落会由主旨、论证和结论三部分构成。

　　主旨是一个段落中最为核心的部分，揭示了整个段落的主要内容。主旨句应当放在段落的开始，而不是最后，更不应该夹杂在论证之中，这体现了作者是否有"以读者为中心"的意识。从读者的角度考虑，如果阅读每一段的第一句话就能了解段落的大致内容，便可以根据需求选择是略读还是精读，也将极大提升读者的阅读体验和效率。

论证部分围绕主旨进行延展，通常包括多个句子。在学术写作中，最为常见的形式是作者在主旨部分提出某个观点或猜想，继而在论证部分用以往的研究成果进行举例（Example），或者结合某个经典的理论框架加以解释（Explain），或运用事例和数据阐述某因素、行为可能带来的影响（Effect）。

结论部分则是对整个段落的内容加以总结和分析。结论部分既可以重申和呼应段首的主旨，也可以对论证部分进行总结归纳和批判性的分析，同时具备引出下一段论述的作用。有时，为了保持文章的简洁，结论的部分会被略去。

以发表于《美国管理学会学报》上的 *"When job dissatisfaction leads to creativity: Encouraging the expression of voice"* 一文中的一段为例。该段较为完整地展示了上述段落展开结构。

"Previous research has alluded to the possibility that employees' creativity may be an important form of voice (Farrell, 1983; Hirschman, 1970; Kay, 1989; VanZelst & Kerr, 1953; Withey & Cooper, 1989). （主旨）For example, Kay (1989) conducted a study in which she asked three groups of participants to describe prototypical voice behaviors. She found that the prototypical voice behaviors identified by the participants included 'propose new ways of doing things' and 'make suggestions on how to improve things,' both of which are consistent with commonly used definitions of employee creativity. （论证）Although creativity is a type of voice behavior, few studies have investigated the conditions under which employees engage in creative performance as an expression of voice. It was our goal in the present study to address this issue. （结论）" [16]

这段是 "reactions to job dissatisfaction"（对工作不满意的反应）章节的最后一段。首句是段落的主旨句，点出该段的主要观点——"员工的创造力是建言的一种重要形式"。主旨句末紧随的文中引用给出了可以支持此观点的既往研究。之后，作者又围绕这一观点进行了比较详细的举证和解释。作者引用 Kay (1989) 的研究，说明人们对于建言的典型认知符合员工创

16 Zhou, J., & George, J. M. (2001). When job dissatisfaction leads to creativity: Encouraging the expression of voice. *Academy of Management Journal*, 44(4), 682–696. https://doi.org/10.2307/3069410

造力的定义。在结论部分，作者对相关研究进行了批判性的总结与分析，指出尽管创造力被视为建言行为的一种形式，但鲜有研究关注员工在何种情境下会将创新作为建言的表达方式，从而自然地引出下一个章节"when will dissatisfaction result in creativity?"（何时工作不满意会产生创造力？）的论述。

段落之间的衔接：外显的过渡句 + 内隐的纵深感

在上一小节中，我们提到"以读者为中心"的写作意识。同样地，为了方便读者阅读，当我们结束一个段落，跳到下一个段落时，可以给读者一个提示，让读者跟上我们的思路。这时候就需要用上"神器"——过渡句，来衔接段落。

最高级的过渡句，不是简单运用 although、however、while 等逻辑连词，而是即使不使用明显的标志词，也能清楚地传达不同段落之间逻辑的联系与转换，让人感受到作者思维的连贯、流畅、丰富。具体而言，论文中常用的过渡句有以下几种形式：

（1）提出新的问题

作者在上一段中对某个问题或观点展开了论述，在论述的过程中发现相关研究存在空白与缺陷，从而提出新的问题，自然而然地引出下一段对于该新问题的探讨。我们在上一小节中分析的段落的结论部分，就属于这一过渡类型。作者写道：尽管创造力是建言行为的一种形式，但很少有研究调查员工在何种条件下将创造性表现作为建言的表达方式。而本研究的目标就是解决这个问题。

（2）介绍不同观点

作者在上一段中针对某研究话题，介绍了其中一种观点，并给出了该观点的相关理论与研究。然而，作者希望在下一段中介绍另一个不同的观点，并且提供支持这个观点的论据。这时，作者可以通过"针对××问题/关系，××观点并没有得到研究的一致支持，其他一些研究认为……"等句式实现过渡。

（3）聚焦有趣发现

在上一段中，作者可能介绍了一个相对较为宽泛的话题，而在这个话题中发现了违背直觉、相当新奇的观点和发现，那么作者可以在段尾强调它的有趣之处，引起读者的兴趣，从而顺理成章地在下一段中介绍这个发现的重要意义和相关论据。例如："在××领域，××与××的关系得到广泛探究。有趣的是，其中一些研究发现……"。

（4）延续未解之谜

一篇文章中可能包含多个研究子课题、多个研究设计。当作者探讨了上一个研究课题、阐述了上一个研究设计之后，可以进行一个简短的讨论环节，分析已完成的研究存在的局限性和遗留问题，说明在后续研究中如何得到解决。在这种情况下，过渡句的篇幅并不局限于句子，而可以是一个甚至多个段落。例如："这项研究为我们的假设提供了初步支持，我们发现……然而，这项研究还有一些局限性……鉴于这些局限性，我们的第二项研究是一个 ×× 研究。在该研究中，我们将……"

外显的过渡句主要适用于前后段落的衔接，而同一章节的段落铺排应当体现出一种内隐的纵深感。这种美妙通常在引言部分体现得最为淋漓尽致。我们继续以 *When job dissatisfaction leads to creativity: Encouraging the expression of voice* 为例。这篇文章的引言分为三段，就是一个从宽泛的研究领域（工作满意度），到明确的研究主题（工作不满意与员工创造力），再到具体的研究问题（在什么情境下工作不满意会提升员工创造力）的逐渐聚焦过程，纲举目张，层层递进，逻辑感十足。

"Job satisfaction is one of the most widely studied constructs in organizational behavior (see O'Reilly [1991] and Staw [1984], among others, for reviews).（定位研究领域：工作满意度）Although the intuitively appealing link between job satisfaction and job performance has not been supported by empirical research (e.g., Iaffaldano & Muchinsky, 1985), an implicit and sometimes explicit assumption in job satisfaction theorizing and research is that a high level of job satisfaction contributes positively to organizational effectiveness and employee well-being and that a low level of job satisfaction, or job dissatisfaction, is detrimental for organizations and their members. This perspective is driven, in part, by research linking job satisfaction to important phenomena such as absenteeism, turnover, and citizenship behavior (e.g., Hom, Caranikas-Walker, Prussia, & Griffeth, 1992; Organ, 1988; Steers & Rhodes, 1978). （暗示本研究将挑战工作满意度研究领域的一个隐含假设：工作不满意对组织和个体有害）

However, in an era emphasizing the need for change, creativity, and innovation in organizations, particularly employees' initiation of organizational change efforts (Frohman, 1997), one wonders if job dissatisfaction is always a detriment for organizational effectiveness. （明确研究主题：工作不满意与员工创造力）That is, organization members who are dissatisfied with their jobs are, in essence, discontented with the status quo. Discontentment can be a trigger for change when those who are dissatisfied seek to come up with new ways to improve current conditions. Consistent with this reasoning, a number of authors have suggested that job dissatisfaction may actually have a positive impact on organizational effectiveness (March & Simon, 1958; Staw, 1984). These authors have argued that when employees are dissatisfied with their jobs, they may try to change their current work situations by coming up with new and better ways of doing things (March & Simon, 1958; Staw, 1984; VanGundy, 1987). Coming up with new and better ways of doing things is the essence of creativity. (对探讨工作不满意与员工创造力关系的既往研究进行简要的文献综述) Employee creativity-the generation of new and potentially valuable ideas concerning new products, services, manufacturing methods, and administrative processes-contributes to organizations' renewal, survival, and growth in today's turbulent and competitive business environment (Amabile, 1988; Woodman, Sawyer, & Griffin, 1993). (阐明该研究主题的重要意义：有助于组织在当今

动荡和竞争的商业环境中更新、生存和成长）

Thus, it is possible that under certain conditions, employees' job dissatisfaction may actually lead to creative performance, which ultimately benefits their organization.（聚焦研究问题：在什么情境下工作不满意会提升员工创造力）However, currently little is known about the circumstances under which this functional consequence of job dissatisfaction may occur. That is, it is naive to assert that job dissatisfaction will always lead to creativity in the workplace, and it is known, for example, that job dissatisfaction can lead to turnover, which negates the possibility of dissatisfied organizational members trying to improve conditions in the organization through creative performance.（对该研究领域的研究空白做出进一步阐述）Hence, in this study, we seek to identify the conditions under which job dissatisfaction may actually lead to creativity. Identifying such conditions is important for two reasons. First，dissatisfied employees may provide a powerful impetus for change in organizations through their creative ideas for improvements, but this is likely to only occur under certain circumstances-when，for instance, they don't quit in response to job dissatisfaction. And, second, it may not be realistic to expect that employees will always experience a high level of job satisfaction in their work lives. If some members of an organization are bound to be dissatisfied at one time or another, perhaps, rather than viewing this scenario as inevitably detrimental, an organization's leaders should view it as presenting an opportunity to make improvements. (针对研究空白，概述本研究的主要内容和关键假设)"

● 句子的组织与润色

搭建起文章的躯干骨架后，我们再来看看如何为文章填充血肉，也就是句子的组织与润色。在这一部分，我将结合《研究论文写作实用英语》(*English for Writing Research Papers*)[17]、《英语研究论文写作短语书》(*Phrase Book for Writing Papers and Research in English*)[18] 和《风格的要素》(*The Elements of Style*)[19] 这三部经典的英文写作教程，向同学们介绍三个操作性

17　Wallwork, A. (2016). *English for writing research papers*. Springer.
18　Howe, S., & Henriksson, K. (2007). *PhraseBook for writing papers and research in English*. The Whole World Company.
19　Strunk Jr, W., & White, E. B. (2007). *The Elements of Style*. Penguin.

强的实用语言技巧。将这三个技巧融会贯通，你的文章的可读性将会得到显著提升。

拆分复杂的长句

一些同学认为复杂的句式更能够彰显作者的聪明和才华，从而获得审稿人的欣赏。事实上，这是一个非常大的误解。沟通专家约翰·阿戴尔（John Adair）曾在《有效的沟通者》（*The Effective Communicator*）中报告了一个有趣的事实：约 90% 的人能够在第一眼就理解一个 8 个单词长的句子，而只有 4% 的人能一遍就读懂一个 27 个单词长的句子。人们总是更青睐于阅读那些理解起来没有障碍的文章。

《研究论文写作实用英语》这本书中的一个例子鲜明地展示了短句相较于长句的优势。试着阅读下面这句话，告诉我你有什么感受？

　　"The aim of our study was firstly to assess changes in the level of tolerance of natives of one country towards immigrants throughout a 50-year period in order to be able to advise governmental agencies on how to develop strategies based on those countries that have been more successful in reducing racism as already investigated in previous studies, but not in such a systematic way, and secondly to establish correlations with data from the USA, which until now have been reported only sporadically."

以下，则是从这个长句中提取出来的四个短句。哪种句子形式更有利于理解？如果你是审稿人，你会更愿意阅读哪篇文章？

"(a) The main aim was to be able to advise governmental agencies on how to develop strategies based on those countries that have been more successful in reducing racism. (b) The second aim was to establish correlations with data from the USA, which until now have been reported only sporadically. (c) This aspect has already been investigated in previous studies, but not in such a systematic way. (d) Thus, we assessed changes in the level of tolerance of natives of one country towards immigrants throughout a 50-year period."

当然，并不是句子越短就一定越好。为了写出简洁、清晰和优美的句子，我们应当注意以下几点：

1. 不要在一个句子里包含太多信息

不要着急表达，一个句子放不下，就放下一句。当介绍某项研究时，我们常常要对其具体内容进行解释。但如果把所有的信息都放在一句话里，就需要消耗读者很多的能量来理解这句话。对信息进行符合逻辑的拆分不仅方便读者阅读，也能提示你理清思路。

一个通用的规则是：如果句子的一部分已经达到 12~15 词的长度，其他部分最好不要超过 10~12 词，一个句子不要包含超过 4 个部分。例如：The respondents were told that their names were printed on the questionnaires, because we needed to match the questionnaire responses with additional data provided by the company, but that no one other than us would have access to the data. 由于作者必须要对数据收集的配对方法做出详细的解释，并且回应随之而来的问卷匿名性的潜在问题，这个句子包含了 3 个部分，而且第 2 部分相对较长。虽然不算是很差的处理，但如果可以拆分一下，会更易读。例如：The respondents were told that their names were printed on the questionnaires and no one other than us would have access to the data. By doing so, we could match the questionnaire responses with additional data provided by the company.

2. 重复出现关键词是可以接受的

当我们把一个句子拆分成多个句子，有时不可避免地需要重复一些关键词。只要重复的次数不要过多，这并不是一种糟糕的写作风格。相反，重复关键词可以帮助读者加深理解，也有利于你的合作者进行修订，因为他们可能从你文章的任何一部分开始阅读。

"First, and consistent with the turnover, dissatisfied employees may quit an organization all together in response to their job dissatisfaction (exit). Second, dissatisfied employees may choose to remain in their organization and actively try to improve conditions, actively searching for and coming up with new ways of doing things and advocating changes to make things better (voice). Third, employees may remain in the organization but respond passively to their job dissatisfaction by accepting the status quo without raising any objections or making any suggestions for improvements (loyalty)." [20]

在上面这一段话中，作者重复提到"dissatisfied employees"和"respond to job dissatisfaction"。如果作者选择把这些句子组合成一个长句，并用"they"指代"dissatisfied employees"，用"it"指代"respond to job dissatisfaction"，读者和合作者就需要更多精力来明确"they"和"it"究竟指什么，对关键词的印象也不会有这么深刻。

3. 过多的短句也可能导致冗余

例如：We measured employee creativity. We used four different methodologies. Each methodology gave contradictory results。尽管使用的也是短句，但让人感到不够连贯，有点啰唆。因此，尽管我们提倡使用简洁的短句，但有时把短句组合起来同样会起到减少冗余、提升流畅性的效果。例如，上面的句子可以写成：We used four different methodologies to measure employee creativity，each with contradictory results.

---

20 Zhou, J., & George, J. M. (2001). When job dissatisfaction leads to creativity: Encouraging the expression of voice. *Academy of Management Journal*, 44(4), 682–696.

● 细节就是魔鬼

一篇文章不仅有"高大上"的地方需要注意，还包含很多细碎的、你看不上但评审会看到的细节，也需要留意起来——语言用词、句子结构、标点符号、数据资料和参考注释等都需要做进一步详查。关于这一部分，需要大家去付出大量的时间和精力，如果是英文写作，可以应用第一部分第 5 章中的辅助工具。

这里举一些细节的例子供大家参考：

（1）文句斟酌

要使论文写得准确、简洁、生动，就需要在语言运用上反复推敲，使文章表达更加清晰简练，文字更加具体准确。例如：改正或删除错别字和不规范的简化字、自造词，避免生造词语、词义混乱、词不达意的情况；检查标点符号用法是否准确，确保书写规范。

（2）文献查证

检查文中引用和文末参考文献是否一一对应，格式是否存在错误。例如，文献卷号、期刊号、页码等是否齐全，中英文引用格式、标点是否准确等。

（3）数据核对

对数据源及分析结果进行检查核对。例如，原始数据是否输入错误，量表题目的数据汇总是否存在遗漏，论文中的数据结果是否与软件分析结果相一致等。

（4）注释核查

检查校正论文图表、公式及注释的规范性。例如，所有的图和表是否注明序号和标题，论文中的文字部分是否对图和表有所指引（图1）。

Measures

Measures are outlined below; the Appendix gives all the component items.

Creativity. We developed a 13-item scale to measure creativity. Three items in the scale were adopted from Scott and Bruce (1994), and the remaining 10 items were developed for the present study. On a five-point scale ranging from 1, "not at all characteristic," to 5, "very characteristic," supervisors who were familiar with the employees' work behavior indicated how characteristic each of the 13 behaviors was of the employee they were rating. Each employee was rated by one supervisor. We averaged the 13 items ($\alpha = .96$).

RESULTS

Table 1 displays means, standard deviations, and correlations among all variables.

Hypothesis Testing

Hypothesis 1 predicts that job dissatisfaction, continuance commitment, and useful feedback from coworkers will interact to predict creativity so that job dissatisfaction will have the strongest, positive relationship with creativity when continuance commitment and useful feedback from coworkers are both high. We conducted moderated regression analysis to test this hypothesis, entering job dissat-

TABLE 1
Means, Standard Deviations, and Correlations[a]

Variable	Mean	s.d.	1	2	3	4	5	6
1. Creativity	3.19	0.79	(.96)					
2. Job dissatisfaction	1.88	0.77	−.11	(.86)				
3. Continuance commitment	3.77	1.22	−.24**	−.07	(.78)			
4. Useful feedback from coworkers	4.85	1.15	.18*	−.35**	−.13	(.82)		
5. Coworker helping and support	4.94	0.88	.17*	−.25*	.08	.48**	(.73)	
6. Perceived organizational support for creativity	4.96	1.10	.07	−.35**	.05	.36**	.41**	(.84)

[a] $n = 149$.
Internal consistency reliabilities are in parentheses.
* $p \leq .05$
** $p \leq .01$

图1　论文图注示例[21]

21　Zhou, J., & George, J. M. (2001). When job dissatisfaction leads to creativity: Encouraging the expression of voice. *Academy of Management Journal*, 44(4), 682–696.

● 论文修改心法

一鼓作气 vs. 养精蓄锐

修改论文的时候，有两种策略可以交叉使用。一种是趁着刚写完还比较熟悉的时候，多看几遍，遇到不通顺的地方就随手改正。在这样做时，如果靠眼睛看很难发现问题，那可以试试读出声。另一种是写完之后先把文章放在一边，隔一阵子再拿出来看，可能会有新的收获。因为即便是自己写的东西，有的时候看多了，也是会有生理上的不适感的，会觉得非常烦躁。这时，无论你看多少遍，可能都无法看出来错误，这倒不是因为它是完美的，而是因为你已经烦了，不想再继续做下去了。苏联作家魏列萨耶夫在《果戈理是怎样写作的》中介绍果戈理修改文章的经验时说："……之后，经过一个月，经过两个月，有时还要更长些（顺其自然好了），再拿出所写的东西重读一遍，便会发现有许多地方不是那么回事，有许多多余的地方，而又缺少了某些东西……拿出它来，重读一遍，然后用同样的方法修改它，等到它涂抹得一塌糊涂的时候，再亲自把它誊清……我是做八次。只有在第八次，并且一定要亲自誊清之后，作品在艺术上才算彻底完成了，才能达到创作上的尽善尽美。"

当然时间方面的话，我并不建议拖得非常久，但是可以放两到三周，这是比较合理的时间间隔。

自给自足 vs. 虚心求教

自己的论文自己改，当然是一个常识，也是必须完成的功课。但是长时间看同一篇论文，人很容易被自己的论文"洗脑"，习惯性地忽略掉错误，进入一种"当局者迷"的状态，原地打转。这个时候除了前边说的放一阵子再看的办法以外，还可以向他人求助，请别人去帮忙看一下你论文，通读一遍。这时候，他可能会发现一些你看不出来的问题。由于思维定式和逻辑定式的存在，很多你觉得容易理解的东西，可能在别人看来是没有说清楚的，这时候别人批注出来，你再去修改，就会更有针对性。

关于找什么人合适，有的人会希望去找自己的导师，或者是一些同领域甚至小领域里的同学或朋友。导师当然是必要的一个修改来源，但同领域的同学，这个其实是我不建议的。我认为可以去找一个对这个专业毫无认知的人，例如你的妈妈、不同专业的同学，然后让他们去读一遍。如果他们读不懂，或者觉得理解起来很困难的话，就说明你这篇论文写得不到位，不够清楚，逻辑里还有不少没衔接好或没有解释到位的地方。你可以让他们帮忙标注出来，然后自己修改。

第2章

投稿不知去哪里？通关秘籍帮你破

论文准备好了，下一步，就是要去选目标期刊投稿了。期刊的选择将直接影响论文的"中标"概率，也直接决定了之后的投稿流程（图1）。在这一章，我就和大家谈一下期刊选择的技术和艺术。

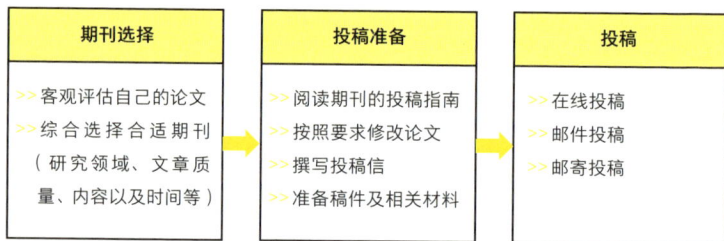

期刊选择	投稿准备	投稿
>> 客观评估自己的论文 >> 综合选择合适期刊 （研究领域、文章质 量、内容以及时间等）	>> 阅读期刊的投稿指南 >> 按照要求修改论文 >> 撰写投稿信 >> 准备稿件及相关材料	>> 在线投稿 >> 邮件投稿 >> 邮寄投稿

图1 投稿流程

选"对"期刊是成功的开始。为了增加投稿成功的概率，一定要在投稿前慎重思考，综合评估自身论文水平以及期刊的档次风格，做出明智的选择。经常会有同学问："老师，要怎么投稿、怎么选期刊，才能成功率最高？"其实我认为，这是个伪命题，如果你想一次就中，使成功率最高，那做出的决定应该就是田忌赛马式的选择。比如，用你的 A 等论文去投 B 等期刊，B 等论文去投 C 等期刊，这样的话投稿成功率最高。

但事实上，我们追求的并不是成功率本身，而是怎么能够在最短的时间、试验次数最少的情况下，去找一个能够发表的最高等级的期刊，也就是给自己的论文做一个最合理、最具有性价比的匹配。具体应该怎么做呢？选择目标期刊的第一步，就是对自己的论文进行一个相对冷静的评估，之后再有的放矢，选定目标投。

● 客观评估论文

首先，要对论文价值进行评估。其中最重要的指标就是论文的创新性，如论文中是否有新的发现，是否有重大理论创新，是否采用了新的研究方法等——创新性越强，文章价值越大，可以投稿的期刊等级越高，反之则需要降低等级。同时论文的呈现水平也不能忽视，也就是说，同样的创新水平，包装得好不好、写得好不好，也是可以差出几个档次的。

然后，要正确认识自身论文的不足。正确、客观地分析论文的优缺点，有助于作者全面评估自己的文章，选择合适期刊。例如，研究问题的提出是否必要、妥当；实验、研究设计是否存在硬伤；数据是否存在同源误差、样本量是否充分、问卷回收率是否达到一定的数量等。

最后，需要根据论文的类型来综合评估。原创论文（Original Article）、综述（Review）、元分析（Meta-analysis）等不同类型的论文，投稿时根据作者的背景不同，发表难度也是不一样的。例如，有些期刊不接收综述投稿，有些期刊的综述类文章以邀请领域顶尖学者为主。因此，在选择期刊时，要充分考虑这一问题。

● 甄别目标期刊

各学科领域都有自己的期刊排名，期刊的影响因子和分区决定了期刊的质量和学术水平，是作者们选择期刊时不可缺少的考量因素。一般而言，影响因子越高、分区越高（数字越小代表分区越高，如1区好于2区），期刊质量就越好，行业认可度也越高，投稿难度也相对更高一些。大家在做科研的第一天，就需要手里有一份自己领域的期刊排名，中文的、英文的都要有。这样做，一方面是阅览的时候，可以有目的地输入优质内容；另一方面，输出的时候标的清晰、一目了然。

除了比较客观的标准，我个人认为选择期刊的最佳方法是请教自己的导师，或者领域内的专家学者。这是因为，他们大多投稿过很多种类的期刊，有丰富的经验；此外，他们自己可能就是某一个期刊的主编，或者是副主编，具备优秀的专业眼光。一般情况下，期刊都会定期召开内部选题会议，在这些会议上，主编团队和编辑团队会合议期刊的发展方向以及收稿的主要重心。所以在期刊选择方面，经验的重要性还是不可小觑的。与此同时，需要注意一点，过去的经验不一定完全能够平移到现在。例如一些期刊换了主编以后，审稿风格可能会突变，需要因时而异地去做选择。

同时，在论文写作过程中，我们会阅读大量的相关文献。可以多关注那些与自己论文研究的小领域、具体话题相同的文章，参考文章作者选择的期刊，从中挑选去投稿。

另外，对学者尤其是年轻学者而言，期刊的审稿速度、审稿的轮次以及拒稿率等，也需要放在考虑范围之内。比如有的期刊审稿需要 3 个评审，审稿周期动不动就 4 轮，那你就要计算一下，能不能等得起，时间成本符不符合你的预期。

我给大家算个账。如果一个期刊匿名评审这个阶段有 3 个评审，平均需要评审 4 轮可以接收，那么计算一下，每一轮在评审手里平均需要 3 个月左右。好多评审还有"拖延症"，可能 3 个月都过不了，那么在他手上，4 轮评审就至少需要 12 个月。同时，中间还得加上 3 次你自己修改的时间，每次修改短的话也要 2 个月。12 个月加上 6 个月，就是 18 个月。更不用说中间还有可能某个评审不参加评审工作了，不给你审了，那么副主编还要再去找新的评审，这也需要时间。也就是说，这么算下来，一篇文章，即便不被拒稿，这样一轮一轮去改的话，也至少需要 18 个月的时间。

关于发表的时间或者说发表的周期，这里有一个误区，我需要提一下。那就是，很多人认为越好的期刊发表越慢。其实，并不一定是这样。学术期刊某种程度上也是一种产品，要想提升质量，就需要优质稿源。这就意味着，不同的期刊也想要争夺优质的论文。所以，很多顶刊的审稿周期非常快，尤其是在第一轮的时候，它们的回应速度是很快的，可能不到 1 个月就可以拿到反馈结果。

除了选择期刊以外，其实有的时候可以选择期刊的不同期数。例如，有的期刊会在不同的时期，根据当时的情境推出一些特刊（special issue）。这些特稿征询有一个好处，就是针对某一个话题或某一个事件推出来的，并不是所有人都适合。分母小了，接收的概率可能会更高一些。

最后，版面费也是必须考虑的重要因素之一。不同领域的情况不同，投稿之前可以先了解一下。现在大部分期刊是不收取版面费的，但一些开源期刊可能会收取一定数额，从几百到几万都有可能。开源期刊[22]的好处是速度快，但还是建议在投稿之前衡量一下自己的承受能力。如果需要课题组出资，或者数据是合作者共同努力的成果，建议在投稿前先和其他人商量一下。因为不同的人对这个问题的看法可能有所不同，最好不要好不容易通过了审稿，却在最后引发一些不必要的麻烦。

● **事半功倍：选刊工具推荐**

说完了心法和主要选刊因素，下面给大家介绍一些期刊选择的工具。

Web of Science 数据库

Web of Science 数据库涵盖了几乎所有的 SCI/SSCI 期刊。输入自己文章最重要的关键词，就可以清晰地看出来，和自己文章相关的文献在相关期刊上发表了多少篇。

比如我们研究的内容是"职场排斥"，那么可以在网站首页"主题"一栏填写这个关键词进行检索，之后会得到 359 条与该主题相关的结果（图 2）。同时，页面左侧会列出进一步的筛选条件（如领域中被高频引用文章、出版年、文章类型、研究方向等）。我们可以查看"分析检索结果"，并以"出版社 / 来源

22　指读者可以通过网络免费获取的学术期刊，没有经济、法律、技术限制。

出版物名称"为依据，将筛选后的论文进行归类，了解这些论文发表的期刊，从而有针对性地选择（图3）。这里值得注意的一点是，高频只是出现的次数多，我们还需要根据期刊的影响因子等因素，做出综合的考量。

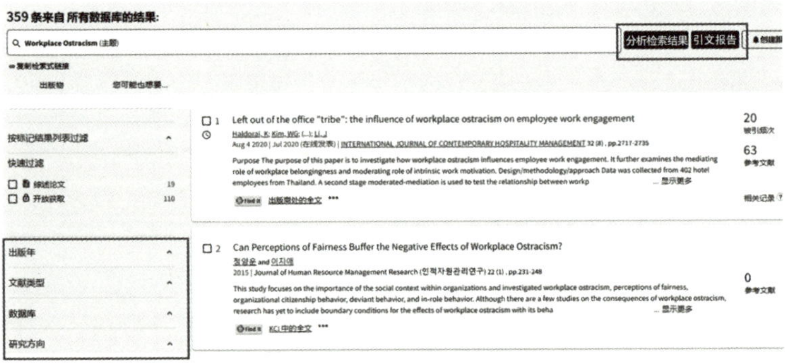

图2   Web of Science检索结果

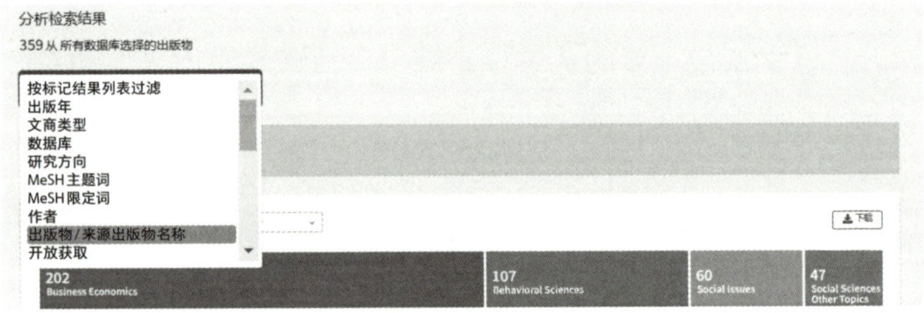

图3   Web of Science检索结果分析

百度学术

在百度学术搜索论文核心关键词，会得到很多篇文献结果，左侧会显示领域、期刊等信息。例如，研究主题如果是"职场排斥"，输入该关键词检索后，会出现大量相关文献，同时左侧会出现这些文献高频发表的期刊，如《心理学报》《心理科学进展》《管理科学》等（图4）。如输入英文关键词"Workplace ostracism"，左侧会出现相关的外文期刊，如《美国管理学会学报》等，可以在其中进行选择投稿（图5）。

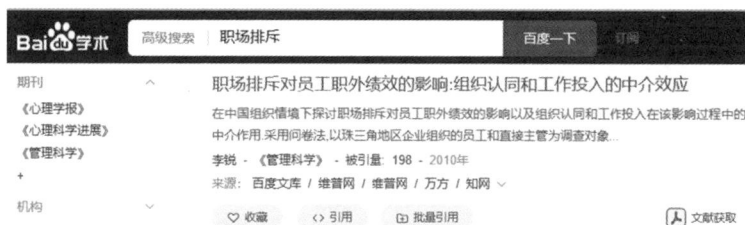

图4 百度学术中文关键词检索结果

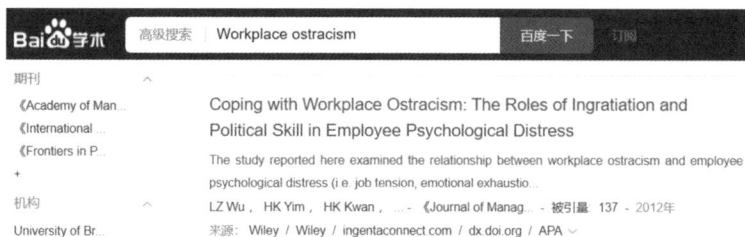

图5 百度学术英文关键词检索结果

Journal Article Name Estimator（JANE）

JANE 是一个在线期刊选择工具，主要以 PubMed 数据库为支撑，帮助作者匹配投稿期刊，是比较老牌的选刊网站之一。

这个平台操作简单，只要输入你的文章题目或摘要，然后选择"Find journals"，就可以搜索到发表过相似主题文章的一些期刊。在里边可以看到推荐的期刊名、影响力及相关程度，同时可以看到在这个期刊上发表过的相关论文（图6）。

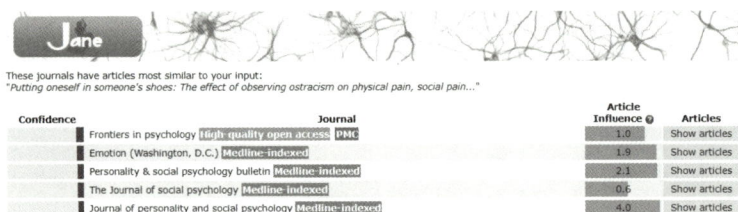

图6　JANE匹配结果

Journal Finder / Journal Suggester

Journal Finder 和 Journal Suggester 分别是由 Elsevier 和 Springer 两个出版商开发的选刊工具。与 JANE 不一样的是，它的系统提供了更多、更具体的可选限定条件。在网页上输入论文的题目、摘要、关键词等信息（图7），就可以看到推荐期刊，并且网站会给出各期刊的具体信息，如影响因子（Impact Factor）、接受率（Acceptance rate）、审稿速度（Time to 1st decision）、发表周期（Time to publication）等（图8）。同时作者可以根据自己的需求，选择不同的参考要素对期刊进行排序，辅助选刊。

Paper title

Enter your paper title here

Paper abstract   Don't have an abstract? ∨

Enter your paper abstract here

Maximum 5,000 characters ⓘ

Keywords

Enter relevant keywords for your paper

图7 Journal Finder / Journal Suggester操作界面

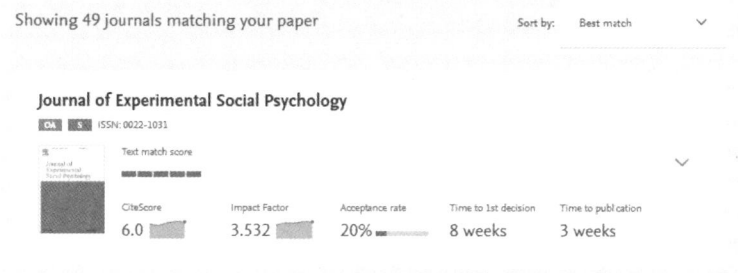

Showing 49 journals matching your paper   Sort by: Best match   ∨

Journal of Experimental Social Psychology

OA S ISSN: 0022-1031

Text match score

| CiteScore | Impact Factor | Acceptance rate | Time to 1st decision | Time to publication |
| 6.0 | 3.532 | 20% | 8 weeks | 3 weeks |

图8 Journal Finder / Journal Suggester期刊匹配结果

学术新人试体验

期刊选择即使对于科研"老手"来说，也不是一件容易的事情。对于研二学生小明这样相对缺乏经验的初级选手来说，更是很大的挑战。不知道是单纯地害怕选错期刊，还是害怕可能的失败，小明在选择期刊的时候特别谨慎，选择过程漫长且纠结。但是，尽管一再谨慎，小明在期刊选择上也犯过错误——太过倾向于选择自己熟悉的期刊。

有一次，在一篇论文完稿后，因为不想陷入选择期刊的纠结与焦虑之中，小明选择了一个领域内还算不错、之前投稿过的期刊，发出了自己的论文。结果半个月后，收到了期刊编辑的退稿信，原因是论文主题与期刊不够契合。小明后来反思，这样的尝试是没有必要的。每多一次这样的投稿，就需要多选择新的期刊一次，然后按照期刊的要求再修改格式，进入投稿系统完成投稿，还需要等待期刊的回复或决定。而收到回复的时间是不确定的，小明还算幸运，在半个月之后就收到了编辑的决定，有的期刊可能会在这一过程拖上几个月的时间……

第3章

投稿前的功课

选好期刊之后，紧接着需要做好投稿前的准备（图1），想提升论文的"中标"概率，这一步不可马虎。这一章，我们来了解一下投稿前的必修内容——"期刊投稿指南"，看看具体应该如何学习、操作。

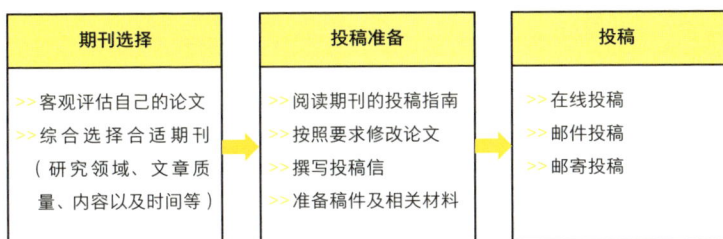

期刊选择	投稿准备	投稿
>> 客观评估自己的论文 >> 综合选择合适期刊 （研究领域、文章质量、内容以及时间等）	>> 阅读期刊的投稿指南 >> 按照要求修改论文 >> 撰写投稿信 >> 准备稿件及相关材料	>> 在线投稿 >> 邮件投稿 >> 邮寄投稿

图1　投稿流程

不少作者对"期刊投稿指南"（又叫"作者须知"）不够重视，认为只要跟着投稿菜单走就够了。这种想法其实是错误的——浪费了官方提供的"说明书"，效率很低。实际上，投稿指南中对论文的投稿要求，以及必须上传的文件做了严格规定，是作者在投稿前对目标期刊必须掌握的事项。

以期刊《组织行为学学报》（JOB）为例，我们可以一起看一下它的投稿指南（Submission/Author Guidelines）主要包含哪些内容。从图2中可以看到，JOB的投稿指南包含9个部分，分别是：投稿的整体说明（Submission）、期刊的目标和范围（Aims and Scope）、稿件类型和要求（Manuscript Categories and Requirements）、投稿准备（Preparing the Submission）、编辑政策和伦理问题（Editorial Policies and Ethical Considerations）、作者许可（Author Licensing）、文章接收后的流程（Publication

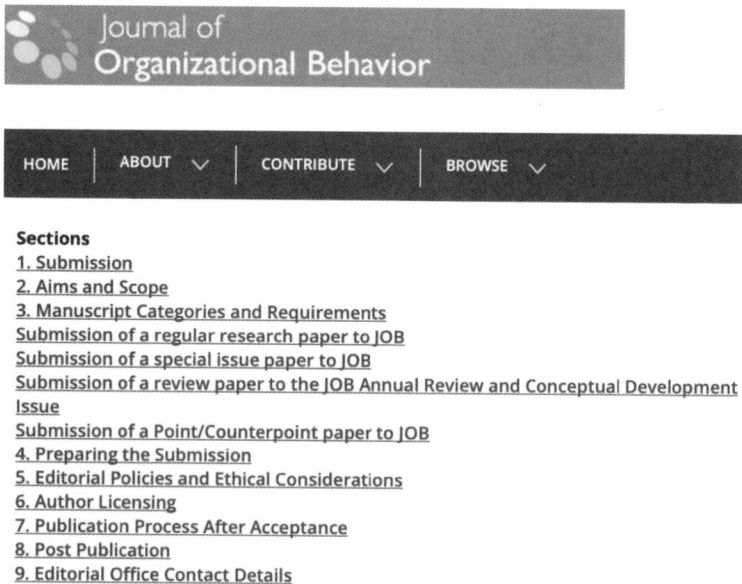

Sections
1. Submission
2. Aims and Scope
3. Manuscript Categories and Requirements
Submission of a regular research paper to JOB
Submission of a special issue paper to JOB
Submission of a review paper to the JOB Annual Review and Conceptual Development Issue
Submission of a Point/Counterpoint paper to JOB
4. Preparing the Submission
5. Editorial Policies and Ethical Considerations
6. Author Licensing
7. Publication Process After Acceptance
8. Post Publication
9. Editorial Office Contact Details

图2　JOB投稿指南组成部分

Process After Acceptance）、文章发表后流程（Post Publication）以及编辑部的联系方式（Editorial Office Contact Details）。下面，我们主要看一下这一指南中的前 5 个部分，也就是投稿之前你需要做的事情有哪些。

● 投稿的整体说明

这个部分主要提及的内容是相对宽泛的问题（图 3），包括文章有没有"一稿多投"，期刊投稿的网址是什么，如果作者有问题可以找谁求助，期刊是否有版面费以及如果遇到技术上的问题如何寻求帮助等。

例如一稿多投的问题，JOB 明确规定，投向这个期刊的文章不能在别的地方发表过。并且指出，如果文章投稿过学术会议，被收录进会议论文集，这种情况不属于"曾经发表过"，仍然可以向该期刊进行投稿。

1. SUBMISSION

Authors should kindly note that submission implies that the content has not been published or submitted for publication elsewhere except as a brief abstract in the proceedings of a scientific meeting or symposium.

Once the submission materials have been prepared in accordance with the Author Guidelines, manuscripts should be submitted online at https://wiley.atyponrex.com/journal/JOB

For help with submissions, please contact: JOBedoffice@wiley.com

This journal does not charge submission fees.

New submissions should be made via the Research Exchange submission portal. For technical help with the submission system, please review our FAQs or contact submissionhelp@wiley.com.

图3 JOB投稿整体说明

● 期刊的目标和范围

这一部分非常重要，主要说明期刊可以接收的稿件范围（图4）。也就是在直接告诉你，这个期刊需要什么类型的文章，文章的主题以及范围包括什么。比如，JOB 的要求里直接提到，他们接收组织行为学领域的实证文章和理论综述文章，可以接收个体层面（如人格、感知、态度等）、团队层面（如规模、构成、领导力等）、组织层面（如结构、变革、创新等）以及跨层次的研究（如决策、绩效、工作满意度等）。

2. AIMS AND SCOPE

The *Journal of Organizational Behavior* aims to publish empirical reports and theoretical reviews of research in the field of organizational behavior, wherever in the world that work is conducted. The journal will focus on research and theory in all topics associated with organizational behavior within and across individual, group and organizational levels of analysis, including:

- At the individual level: personality, perception, beliefs, attitudes, values, motivation, career behavior, stress, emotions, judgment, and commitment.
- At the group level: size, composition, structure, leadership, power, group affect, and politics.
- At the organizational level: structure, change, goal-setting, creativity, and human resource management policies and practices.
- Across levels: decision-making, performance, job satisfaction, turnover and absenteeism, diversity, careers and career development, equal opportunities, work-life balance, identification, organizational culture and climate, inter-organizational processes, and multi-national and cross-national issues.
- Research methodologies in studies of organizational behavior

图4　JOB目标和范围

明确期刊的这个部分，可以说是"磨刀不误砍柴工"的直接体现。不管你是第一次投稿，还是"资深"投稿人，了解期刊都会是一件令人头疼的事情。上一章我们花了大量的篇幅去教大家如何选刊。而对于不熟悉的期刊，选择的前一步就是先了解它。期刊投稿指南的这一部分，可以说是了解该期刊的必读指南。甚至有时候，你到处打听来的信息，都不如这一部分靠谱。

● 稿件类型以及要求

这部分详细说明了期刊所接收的文章类型及其要求。这一点也需要注意，因为有的期刊可能只接收综述类的文章，有的只接收实证类的文章，也有的是各种类型的都接收。此外，像我们在上一章选刊部分提到的，大多数期刊会有"special issue"（特刊）这个选项，就是说期刊在某个特定时期，会倾向接收某一特定主题的文章。如果你的文章正好契合这一主题，可以选择这一通道进行投稿。

对 JOB 而言，接收的文章类型包括实证研究、特定主题的研究以及综述类研究（图 5）。同时，期刊指导也给出了每种文章类型的具体要求，比如对于实证类研究文章，最长篇幅不超过 40 页，如果超过 50 页，需要在投稿前跟编辑部联系确认等。而对于综述类文章的投稿，JOB 要求作者首先向编辑部发送一份简短版的研究设想，在编辑部确认该主题或者综述内容适合在本期刊发表之后，再去进行后续的写作和投稿工作。所有上边提到的内容，都是需要你在投稿前仔细确认的。

3. MANUSCRIPT CATEGORIES AND REQUIREMENTS

Research Article

Manuscripts submitted to JOB should not normally be more than 40 pages in length (including references, tables and figures). Manuscripts up to 50 pages will be considered, but authors should be aware that reviewers will expect to see a contribution commensurate with the extra page length. Authors considering submitting manuscripts of more than 50 pages should discuss with the Editor-in-Chief before submitting.Manuscripts must conform to the style of the **Publication Manual of the American Psychological Association, 7th Edition** (www.apastyle.org/manual). Please refer to Section 4. Preparing the Submission for further details about submitting.

Special Issue Article

Please follow the guidelines for a Research Article

JOB Annual Review and Conceptual Development Issue

Submissions to the JOB Annual Review and Conceptual Development Issue are now invited for consideration. We welcome targeted reviews of the scientific literature which make a contribution to our understanding of the topic of interest, and highlight significant gaps that require future development of new theory, research methods, and empirical work. We invite both quantitative (e.g. meta-analysis, citation analysis) and qualitative reviews of the literature.

In addition to descriptive review articles, we also invite integrative reviews and conceptual development papers for consideration. Integrative reviews go beyond descriptive reviews by bridging scholarly work across different theories, domains, and disciplines, in order to make new theoretical contributions. Conceptual development papers propose new theoretical relationships between focal constructs; these papers will offer propositions and are likely to display the proposed linkages in a figure. The goal of these integrative reviews and conceptual development papers is to broaden our thinking and to inspire future empirical investigations.

图5　JOB稿件类型以及要求

● 投稿准备

在了解了上述要求之后，接下来就是准备稿件需要遵循的具体条目了，包括需要提交和准备的文件有哪些，提交的文件格式有什么要求，文章题目、摘要有怎样的字数限制，关键词的个数是几个等细节性的问题。这个部分的主要作用实际上是指导你调整稿件。

仍以 JOB 为例，我们可以看到，期刊要求必须提交的文件包括三个：投稿信（Cover Letter）、论文主体（Parts of the Manuscript）和标题页（Title Page）（图 6）。第一部分投稿信，

4. PREPARING THE SUBMISSION

Cover Letters

Cover letters are not mandatory; however, they may be supplied at the author's discretion.

Parts of the Manuscript

Manuscripts can be uploaded either as a single document (containing the main text, tables and figures), or with figures and tables provided as separate files. Should your manuscript reach revision stage, figures and tables must be provided as separate files. The main manuscript file can be submitted in Microsoft Word (.doc or .docx) format.

Title Page

The title page should contain:

- A short informative title containing the major key words. The title should not contain abbreviations (see Wiley's best practice SEO tips);
- A short running title of less than 40 characters;
- The full names of the authors;
- The author's institutional affiliation(s);
- Acknowledgements.

If the affiliation where the work was conducted for any author differs from the current affiliation, this should be supplied in a footnote.

图6　JOB投稿准备的文件类型

用来向编辑部简要介绍你的研究。第二部分论文主体，也就是核心的文稿部分，一般以 Word 文档的形式提交。JOB 的投稿指南中还明确了论文的结构，需要按照标题、摘要、关键词、主体部分、参考文献、图和表以及附录的顺序进行排版。论文中涉及的图和表，可以与论文的其他部分一起全部放在一个 Word 文档中进行提交，也可以单独形成一个文件提交。需要指出的是：由于文章审稿阶段是双盲匿名审稿的，因此论文主体不能出现作者信息，作者的信息只可以在投稿信和标题页中呈现。与此同时，除了不能直接显示作者的信息之外，也不能显示出其他可以查得到作者信息的线索。比如，论文基金信息等也是能够识别作者信息的重要来源，不能放到用于同行评议的文稿中去。第三部分标题页，用以提供文章的题目、短标题、作者姓名及作者单位、经费来源、致谢等内容。

你是不是觉得期刊指南到此为止已经很详细了，可以就此结束？其实不是的，期刊指南的下一步是告诉你上边提到的每一部分的具体要求是什么。比如，JOB 中规定摘要和关键词的总字数不能超过 200 字，关键词的总个数最多为 5 个。

接下来，比较令人头疼的部分就是参考文献的格式了（图7）。对于参考文献的格式，期刊指南中一般会给出包括期刊文章、著作等参考文献的规范示例，大家严格按照指南中给定的格式进行调整即可。不过，如果你看了前边的章节（第二部分第 7 章），应该会觉得这一部分对你来说实在是"小菜一碟"。

References

All references must be complete and accurate. Online citations should include date of retrieval. If necessary, cite unpublished or personal work in the text but do not include it in the reference list. References should be listed in the following style, in accordance with the APA Publication Manual:

Lam, S.S.K., & Dreher, G.F. (2004). Gender, extra-firm mobility, and compensation attainment in the United States and Hong Kong. *Journal of Organizational Behavior* , *25* , 791-805. DOI: 10.1002/job.264

Heider, F. (1958). *The psychology of interpersonal relations* . New York: Wiley.

Degelman, D., & Harris, M. L. (2000). *APA style essentials* . Retrieved May 18, 2000, from Vanguard University, Department of Psychology Website: http://www.vanguard.edu/faculty/ddegelman/index.cfm?doc_id=796

图7　JOB 参考文献格式要求

除了引用格式，期刊也会对图和表的具体格式做出规定（图 8 ）。如 JOB 给出的要求，是表格中的内容需要独立，能够提供新知识，而不是正文内容的简单重复；表格需要处于可编辑状态，而不是直接粘贴的图片格式；需要进一步解释的内容，如缩写的变量名称等，要在备注中进行解释等。

Tables

Tables should be self-contained and complement, not duplicate, information contained in the text. They should be supplied as editable files, not pasted as images. Legends should be concise but comprehensive – the table, legend, and footnotes must be understandable without reference to the text. All abbreviations must be defined in footnotes.

Figure Legends

Legends should be concise but comprehensive – the figure and its legend must be understandable without reference to the text. Include definitions of any symbols used and define/explain all abbreviations and units of measurement.

Figures

Although authors are encouraged to send the highest-quality figures possible, for peer-review purposes, a wide variety of formats, sizes, and resolutions are accepted. <u>Click here</u> for the basic figure requirements for figures submitted with manuscripts for initial peer review, as well as the more detailed post-acceptance figure requirements.

图8　JOB图表要求

投稿准备的最后一部分的要求，是关于补充材料的呈现（图 9 ）。补充材料一般以附录的形式放在论文主题的最后，或者以脚注的形式标注在特定位置。比如，你的研究采用一个比较新的调查问卷，或者开发了一个简版的问卷，就可以将其附在文章最后，供其他研究者日后使用。

Additional Files

Appendices
Appendices will be published after the references. They should be referred to in the text.

Supporting Information
Supporting information is information that is not essential to the article, but provides greater depth and background. It is hosted online and appears without editing or typesetting. It may include tables, figures, videos, datasets, etc. <u>Click here</u> for Wiley's FAQs on supporting information.
Note: if data, scripts, or other artefacts used to generate the analyses presented in the paper are available via a publicly available data repository, authors should include a reference to the location of the material within their paper.

图9　JOB补充材料要求

● 编辑政策和伦理问题

编辑政策主要涉及稿件的评审过程与接收标准（图10）。比如，一般期刊会采用匿名的双盲评审，主编（副主编）对稿件是否录用具有决定权，他们会根据评审专家的评审意见，决定接收或者拒绝稿件。

Peer Review and Acceptance
Manuscripts are judged on the significance of the contribution to the literature, the quality of analysis and the clarity of presentation. Papers are expected to demonstrate originality and meaningful engagement with the global literature.

Except where otherwise stated, manuscripts are double-blind peer reviewed by anonymous reviewers in addition to the Editor. Final acceptance or rejection rests with the Editor-in-Chief, who reserves the right to refuse any material for publication.

In-house submissions, i.e. papers authored by Editors or Editorial Board members of the title, will be sent to Editors unaffiliated with the author or institution and monitored carefully to ensure there is no peer review bias.

Wiley's policy on the confidentiality of the review process is <u>available here.</u>

图10　JOB编辑政策

伦理问题主要涉及研究实验或者研究设计是否符合伦理（图11-1）。例如，是否得到了伦理委员会的批准，是否会对被试对象造成伤害等。也包括作者之间是否有利益冲突（图11-2），比如作者的顺序是否按照对稿件的贡献排序，是否所有作者都已确认了稿件的最后版本，并且同意将稿件投往该期刊等。此外，期刊会要求作者遵循期刊自身的出版伦理（图11-3）。最后，期刊也会给出更改作者排序的要求以及适用情形（图11-4）。换句话说，在论文后期的修改过程中，可能会由于作者贡献的变化而需要调整作者顺序，甚至可能需要加入新的合作者，这些操作都需要遵从期刊的要求。

Human Studies and Subjects

For manuscripts reporting medical studies that involve human participants, a statement identifying the ethics committee that approved the study and confirmation that the study conforms to recognized standards is required, for example: Declaration of Helsinki; US Federal Policy for the Protection of Human Subjects; or European Medicines Agency Guidelines for Good Clinical Practice. It should also state clearly in the text that all persons gave their informed consent prior to their inclusion in the study.

Patient anonymity should be preserved. Photographs need to be cropped sufficiently to prevent human subjects being recognized (or an eye bar should be used). Images and information from individual participants will only be published where the authors have obtained the individual's free prior informed consent. Authors do not need to provide a copy of the consent form to the publisher; however, in signing the author license to publish, authors are required to confirm that consent has been obtained. Wiley has a standard patient consent form available for use.

图11-1　伦理问题1

Conflict of Interest

The journal requires that all authors disclose any potential sources of conflict of interest. Any interest or relationship, financial or otherwise that might be perceived as influencing an author's objectivity is considered a potential source of conflict of interest. These must be disclosed when directly relevant or directly related to the work that the authors describe in their manuscript. Potential sources of conflict of interest include, but are not limited to: patent or stock ownership, membership of a company board of directors, membership of an advisory board or committee for a company, and consultancy for or receipt of speaker's fees from a company. The existence of a conflict of interest does not preclude publication. If the authors have no conflict of interest to declare, they must also state this at submission. It is the responsibility of the corresponding author to review this policy with all authors and collectively to disclose with the submission ALL pertinent commercial and other relationships.

图11-2　伦理问题2

Publication Ethics

This journal follows the core practices of the <u>Committee on Publication Ethics (COPE)</u> and handles cases of research and publication misconduct accordingly (<u>https://publicationethics.org/core-practices</u>)"

Note this journal uses iThenticate's CrossCheck software to detect instances of overlapping and similar text in submitted manuscripts. Read Wiley's Top 10 Publishing Ethics Tips for Authors <u>here</u>. Wiley's Publication Ethics Guidelines can be found <u>here</u>.

图11-3   伦理问题3

Wiley's Author Name Change Policy

In cases where authors wish to change their name following publication, Wiley will update and republish the paper and redeliver the updated metadata to indexing services. Our editorial and production teams will use discretion in recognizing that name changes may be of a sensitive and private nature for various reasons including (but not limited to) alignment with gender identity, or as a result of marriage, divorce, or religious conversion. Accordingly, to protect the author's privacy, we will not publish a correction notice to the paper, and we will not notify co-authors of the change. Authors should contact the journal's Editorial Office with their name change request.

图11-4   伦理问题4

除此之外，期刊也会询问作者是否愿意将所使用的研究数据进行公开（图12），以及要求作者准确地提供研究的资金来源（图13）等。

Data Sharing and Data Accessibility

The journal encourages authors to share the data and other artefacts supporting the results in the paper by archiving it in an appropriate public repository. Authors should include a data accessibility statement, including a link to the repository they have used, in order that this statement can be published alongside their paper.All accepted manuscripts may elect to publish a data availability statement to confirm the presence or absence of shared data. If you have shared data, this statement will describe how the data can be accessed, and include a persistent identifier (e.g., a DOI for the data, or an accession number) from the repository where you shared the data. Sample statements are available on Author Services. If published, statements will be placed in the heading of your manuscript.

图12   JOB数据共享原则

Funding

Authors should list all funding sources in the Acknowledgments section. Authors are responsible for the accuracy of their funder designation. If in doubt, please check the Open Funder Registry for the correct nomenclature: <u>https://www.crossref.org/services/funder-registry/</u>

图13   JOB基金支持来源要求

● 按图索骥：基于投稿指南的论文修改

在看完投稿须知后，下一步我们要做的就是按照要求逐条对应检查，进一步修改我们的论文，同时补充需要提交的材料，妥当命名后安放在一个文件夹里。这是一个耗时且细致的工作，不要抱有应付的心态草草了事，因为它会直接影响初审结果，决定论文的走向。毕竟，我们想要的是快快地发表，而不是快快地被拒稿。下边，我们就针对准备好文稿后的工作，和大家交流一下。

撰写投稿信

在投稿的同时，一般会附上一封投稿信（Cover Letter），目的是给编辑留下良好的第一印象，期待可以"善待"我们的稿件。在投稿信中，作者需要简短介绍研究的基本信息、发现、贡献和创新点等内容，并说明论文在这个目标期刊发表的必要性。投稿信要明确、直接、言之有物，以提高稿件送审机会。部分期刊还要求作者投稿时，在投稿信内阐明一些指定的内容（如利益冲突说明等）。

值得注意的是，投稿信不宜过长，并且要避免不当言论、阐述过多细节或直接复制引言内容。下面是我们给出的投稿信范例，供大家参考。

Dear Prof. × (投稿期刊主编),

I am submitting a manuscript entitled, "(论文题目)" to be considered for publication in (投稿期刊名称).

In this paper, we investigated that…(说明论文的主要内容). This is important because…(说明论文的重要性以及创新点).

I am the second and corresponding author (说明自己的角色). My co-authors are × ×, × ×, (给出合作者姓名) at the × × university (作者所在机构). I warrant that my co-authors are in agreement with the content of the manuscript and have meaningfully contributed to its production (声明所有作者同意本次投稿). This data has not been previously published nor is it under consideration for publication elsewhere (声明文章没有在别的地方发表过).

We want to express our deep appreciation in advance for the time and commitment of the editors and reviewers in this process and look forward to your evaluations (表达感谢).

Sincerely,

× ×.

其他相关材料

除要提交的论文手稿外，作者还需要根据期刊网站的要求，准备其他相关材料，如标题页（Title Page）、论文补充材料、伦理批准书、参试者知情同意书等。不同学科领域所需资料存在差异，大家视情况将必要材料备齐即可。

● **投稿步骤详解**

做好了前期准备后，我们就要开始正式的在线投稿环节了。作者需要进入所投期刊的官方网站，注册登录后按步骤完成论文投稿。

下面我们以期刊《组织行为学学报》（JOB）为例，看一下论文投稿的全流程（图14）。其中，作者需要选择稿件类型，上传文件，录入或者确认自动识别的标题、摘要、关键词及作者信息和所属机构，添加附加信息以及文稿确认，最后完成投稿。下面，我们来具体说一下每个步骤的操作。

图14 论文系统投稿全流程

第一步：选择稿件类型

根据所投稿件的题材，选择一个稿件类型。比如，是日常科学研究（Research Article）还是受邀评论稿件（Editorial），是更正稿件（Correction），还是综述类研究（Review Article），在投稿系统的下拉框中选择对应的类型（图 15）。

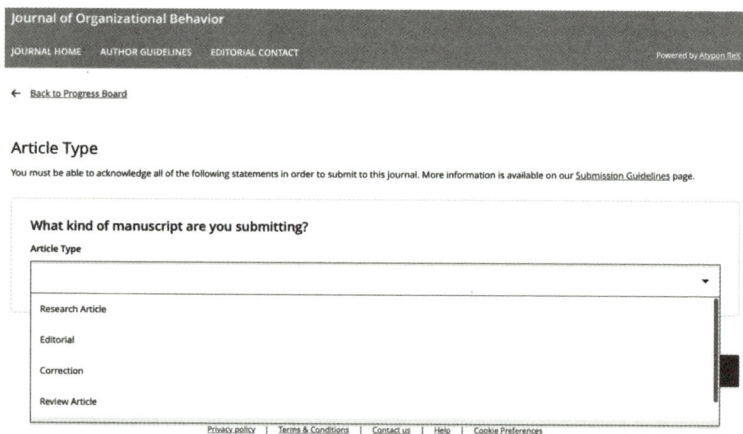

图15　选择稿件类型

第二步：上传文件

注意根据目标期刊的要求，上传指定版本的论文手稿，官方要求的文件格式一般为 Word 版本（图 16）。有些期刊会要求在此处提交标题页（Title Page）、投稿信（Cover Letter）以及一些其他的补充资料（Supplementary Material）（图 17）。

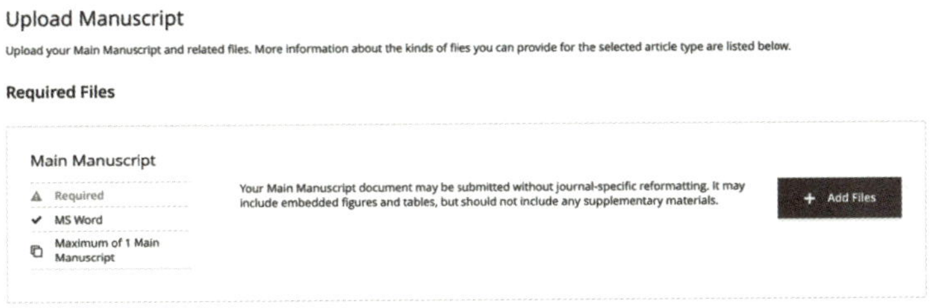

图16　论文手稿（必需）上传页面

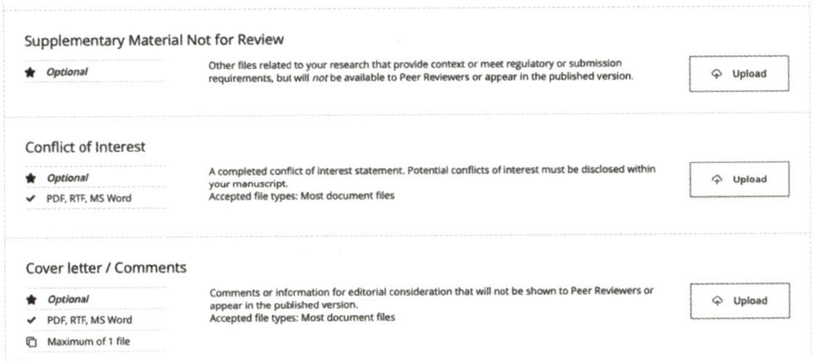

图17　补充材料（非必需）上传页面

第三步：确认题目、摘要、关键词以及作者信息

　　在这一步，系统会根据你上传的文件自动识别题目、摘要、关键词以及作者信息，你需要做的是根据指引检查、修改和确认（图18）。当然，并不是所有的期刊都会帮你自动生成这些信息，有些期刊需要你手动将这些内容复制粘贴过去，不过整体要求的内容是一致的。这里注意不要和正文有任何出入，不然形式审查的时候会被直接退回，还得再改一次。

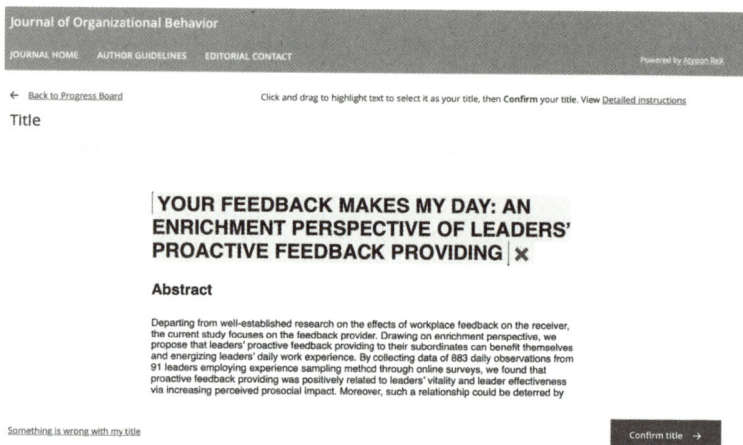

图18　确认题目、摘要、关键词以及作者信息

第四步：输入作者详细信息、确认作者机构

这一步要求手动输入作者的姓名、国家、地区、机构、邮箱等信息，这样就可以与前边系统自动识别的作者信息形成相互验证。除此之外，期刊还会要求作者将自己的研究机构与系统里提供的研究机构进行匹配。

第五步：添加附加信息以及文稿确认

这个环节要求添加附加信息，比如文章所采用的研究方法、所属的大的研究领域等。与前边的投稿指南相呼应，在这一阶段有一问题为"Is this submission for a special issue?"，如果你的稿件正好契合某期特刊的主题，可以在这里选择"Yes"。完成之后，会生成最终的确认界面，这一界面包含前边所有的操作，可以在这一步，检查稿件的各种信息（如标题、关键词、作者、基金支持、投稿信等）是否成功上传，是否准确（图19）。如果没有问题，就可以提交稿件了。

Final Review

You're about to send your submission to the journal editors for review. After you complete submission, you will not be able to make changes unless your manuscript is returned. If everything looks correct, click **Complete my submission** to send it to editorial review.

Article Type Edit	Research Article
Title Edit	YOUR FEEDBACK MAKES MY DAY: AN ENRICHMENT PERSPECTIVE OF LEADERS' PROACTIVE FEEDBACK PROVIDING
Additional Information Edit	**Funders** No funding was received for this manuscript **Keywords** Conflict/Conflict Management Processes; Affect/Mood/Emotions; Anti-social/counterproductive work behavior **Research Method** Bayesian analysis **Is this submission for a special issue?** No, this is not for a special issue **Has this manuscript been submitted previously to this journal?** No, it wasn't submitted previously

图19　稿件信息确认界面

第六步：完成投稿

此刻，恭喜你已经完成了整个投稿过程。提交稿件后，所有作者的邮箱都会收到一封投稿成功的通知邮件，里边包括论文的投稿编号。之后有任何问题，都可以找到邮件中的联系方式，用这个编号去进行咨询。有的期刊还会需要通讯作者（文章的负责人）去确认一下新的投稿，只要按照邮件下载 PDF，一键点击确认就可以了。之后就可以等待期刊的回复了。这一阶段可能遇到的操作是，形式审查有问题，稿件被退回来，需要按照期刊给出的建议修改之前提交的稿件。你也可以观察投稿账户主菜单上的投稿状态变化，如果显示"with editor"，就是副主编在处理了，如果是"under review"，就是个初步欢喜的结果，等待 3 个月左右的第一轮审稿结果即可。

需要说明的是，不同的期刊网站流程顺序可能存在差异，但所包含的信息和投稿逻辑基本一致，大家只需按照步骤流程对应填写即可。

学术新人试体验

小明是一名研二的学生，虽然正经做科研还不到两年的时间，但在投稿方面，小明也算是一位成熟的投稿人了，他曾经向许多不同的期刊投过稿。对于投稿的经历或者经验，可以总结如下：投稿之前的格式修改，确实让人头大。以前小明追求的是快快写论文，把写出论文当成了终极目标。后来，他经历过多次投稿之后发现，投稿之前的格式修改也比较烦琐。有一次，因为所要投稿的期刊的格式要求太过详细和烦琐，从修改格式到稿件投出用了好几天的时间。还有一次，由于没看到期刊指南中关于"研究基金"标注的规范要求，在论文正文中忘记写明，导致修改两次都没有通过期刊的形式初审（initial check，形式审查的第一步；见下一章图 1）。

第4章

投稿后的功课

投出去的稿件，不是泼出去的水。在点击了"确定投稿"这个按钮之后，一篇稿件就开始了它的"历险记"。它需要经历形式审查、主编（副主编）初审、匿名专家审稿、主编（副主编）再审核、修改、提交、再修改、再提交等等一系列的流程（图1）。在这一章，我们一起来看一下一篇文章在投稿之后会经历些什么，以及这些经历都意味着什么。同时，我会提供一些回复审稿人意见的攻略，希望可以助力你的文章见刊发表。

● **投稿状态解读**

投稿成功（Manuscript Received）

在点击提交稿件之后，第一个状态便是投稿成功。这一状态是论文上传后自动生成的，代表编辑部系统已经收到了稿件。所有作者的邮箱都会收到一封确认信。

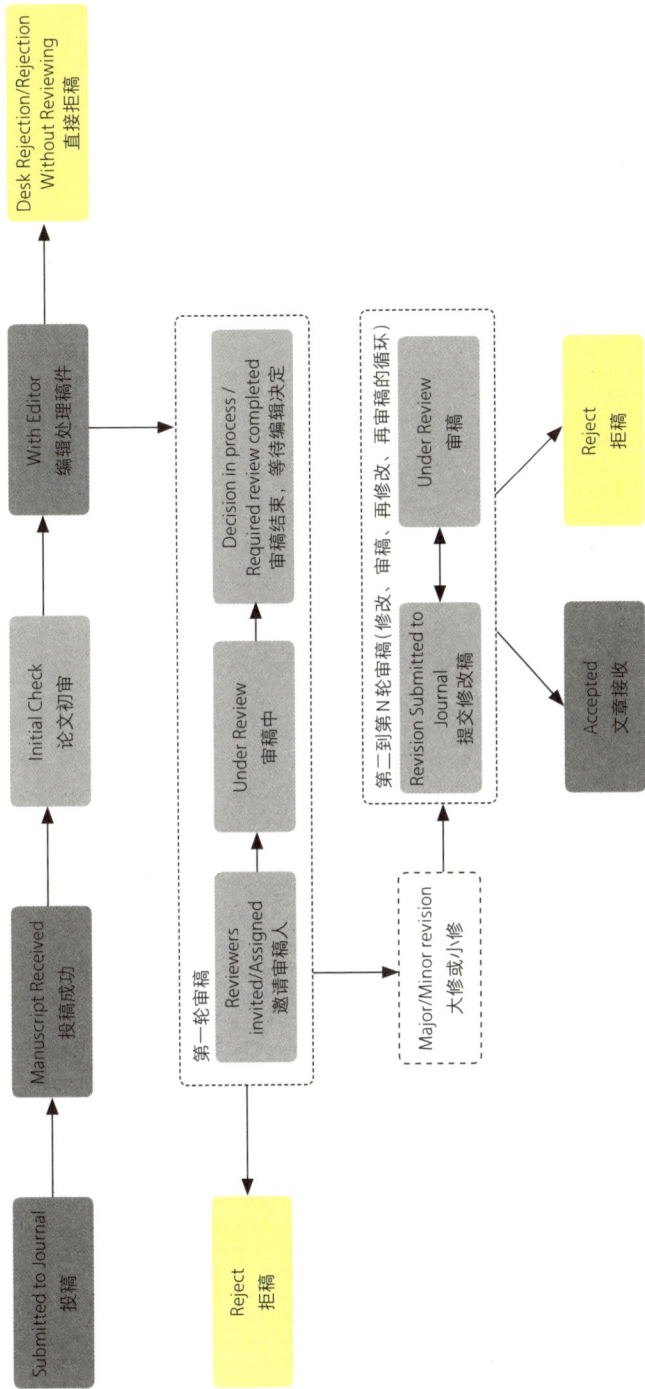

图1 投稿系统状态

论文形式初审（Initial Check）

接下来，编辑部会对稿件进行初步的形式上的审查，包括论文各部分的字数、格式、文章类型与期刊的匹配性、伦理道德和重复率等问题的审核。

初审是稿件投递后的第一关，由主编团队负责。这轮评审会对论文与期刊的契合度做出初步的判断。契合度的评价包括研究领域、研究方法和论文格式等多个维度。

以管理学期刊为例：在研究领域上，《美国管理学会学报》（*Academy of Management Journal*，AMJ）上的文章会兼顾宏观与微观层面的管理学研究，《战略管理期刊》（*Strategic Management Journal*，SMJ）着重发表宏观的公司战略层面的文章，而《应用心理学学报》（*Journal of Applied Psychology*，JAP）主要发表微观的团队与个体层面的文章。在研究方法上，不同的期刊也有不同的定位和倾向，如《美国管理学会评论》（*Academy of Management Review*，AMR）只接收纯粹的理论文章，AMJ 和 JAP 偏好发表各类实证研究，而《组织行为和人类决策过程》（*Organizational Behavior and Human Decision Processes*，OBHDP）则更青睐实验室研究。

此外，不同的期刊在格式方面的要求也不同，包括文章的标题、排版、图表乃至引用。例如：JAP 和 OBHDP 等偏向心理学领域的期刊，基本遵循 APA 的格式规范，而大部分期刊都有各自不同的格式要求。大家可以参考上一章中的投稿准备部分，严格遵循期刊的特定要求。

综上，无论从内容还是形式来看，文章和期刊的契合度越高，就越容易通过初审。反之，如果你的文章看起来就与所投期刊格格不入，可能在第一关就会"折戟沉沙"。

编辑处理稿件（With Editor）

如果文章通过了初审，下一步，主编会根据不同副主编的研究专长，将通过初审的论文分发给相应的副主编。副主编会根据论文的质量进行评估。论文如果自身存在质量问题，如写作水平较差、文本重复率高、理论贡献不足、研究方法存在明显漏洞等，可能就会被直接"毙掉"（desk rejection）。你将收到一封拒稿信，文章也不会再到下一步去接受同行评议（peer review）了。

如果副主编觉得质量符合期刊要求，会根据论文的研究主题邀请合适的 2～4 位审稿人。这一步骤在投稿系统里显示的是"邀请审稿人"（Reviewers Invited/Assigned）。这里多说一句，邀请审稿专家阶段有时候会拖得比较长，因为编辑寻找合适的审稿专家需要花费一段时间。比如有一种情况是编辑给审稿专家发送了审稿邀请，但是由于被邀请的专家没有时间对稿件进行评阅，那么就需要编辑重新邀请其他审稿专家。这在无形中会拉长这一过程所需的时间。

审稿中（Under Review）

如果你的投稿系统中显示这一状态，说明你的论文已经匹配到了合适数目的审稿专家，并处于审稿过程中。这个过程也比较耗时，有的评审有"拖延症"，比如要求 3 个月审完，他会拖到最后一刻，甚至拖到超时需要编辑提醒。有时候碰到更不靠谱的评审，会和编辑"玩失踪"，这样就不得不再找一个，无形中时间就更久了。对于这种不可控因素，大家能做的只有耐心等待，然后当文章在自己手里的时候，尽可能利索一点，不要自己拖自己。

审稿结束、等待编辑决定（Decision in process / Required review completed）

这一状态代表一个阶段的审稿工作结束了，审稿人的意见已经汇集到了编辑那里，等待处理。参考评审专家的意见，编辑会对论文的去留做出判断，基本有三种情况：直接拒稿（Reject）、直接录用（Accepted）及退回小修或大修（Minor revision/Major revision）。

拒稿，就是说没有什么改的必要了，但既然已经审了（又）一轮，意见还是会给出的。作者可以根据意见修改后，改投别的期刊。

小修是稿件基本得到了期刊的认可，但还存在部分小的问题，例如补充文献、变量解释不够清楚、图表不规范等，需要作者针对提出的问题进行修改，再由编辑决定是否录用。

大修代表稿件存在较大问题，但仍然具有修改的空间，只是需要修改的地方较多。例如研究背景不明、实验设计交代不清、文献综述支撑不够、理论比较弱、实验数据不充分等，以及审稿人对文章某些内容存在较大疑问，需要作者进一步修改并回答。这时，作者需要根据审稿意见逐条修改完善，并做出修改回应说明，之后转交之前给予意见的专家再次评审。

需要注意的是，只要还需要改，就不能大意。无论是大修还是小修，如果不认真，不能逐项去修改好的话，都有可能被拒。

提交修改稿（Revision Submitted to Journal）

当你每次将论文修改完善并重新提交后，便进入到这一环节，等待编辑审理，以及审稿人的第 N 轮审稿。如果审稿人还有更多的意见和问题，便重新进入到论文修改和再次提交的环节，直到获得认可。这一步一般会经历 3 轮左右，我听说过的，最多有到第 6 轮的。当然，每多一轮修改，你的论文被接收的概率就会提高一分，但是这并不意味着一轮一轮修改之后就一定会被接收。比如刚才我提到的那篇改过 6 轮的论文，最后还是被拒了。

需要说明的是，在审稿的过程中，稿件接收、修改还是拒绝的决定一般由负责这篇稿件的副主编做出。所以，大家除了需要注意评审的意见以外，对于副主编的综合意见也要给予重视。

文章接收（Accepted）

恭喜你！终于来到了最后一步！文章终于被接收了！这时你只需要等待编辑之后的出版安排即可。在投稿系统出现"接收"之后，重担卸下了，但其实故事还没有结束。接下来，还需要作者签署许可，以及在编辑排版过后，对文章进行再次确认等。

作者许可(Author Licensing)

文章接收后的几周，通讯作者会收到一封来自期刊的邮件。通讯作者需要代表所有作者签署一份文章版权的许可文件。这一过程一般是通过线上进行的。之后，接收的文章会进行排版。

排版完成后，通讯作者会又收到一封确认邮件，包括再次确认作者信息是否正确、基金信息是否正确，以及文章中其他部分是否还存在问题等。完成这一步骤后，你就可以静静地等待文章出版了。一般来说，是先在线出版（online first），之后在刊物上排出具体的期数。

● 审稿意见回复攻略

说到这里，你有没有发现，从稿件被投出一直到发表的整个过程里，我们自己最具有主动权的环节，就是回复审稿人的意见。实际上，回答的好与坏、全面不全面、是否有针对性，将会决定论文的整体走向。那么，我们来一起看一下，如何高效地回复审稿人的意见。

首先，在打开审稿人意见的时候，你要做好充分的心理准备。因为不出意外的话，你看到的会是满屏幕挑你论文毛病的文字。然后，你需要调整、收拾、平复情绪，浏览审稿人都给出了什么意见。在这一步，要注意综合查看多个审稿人的意见，确认不同审稿人是否提出了相似的建议，以及不同审稿人之间是否存在意见相左的情况。通过这一步，你大概可以确定论文修改的基调和思路。之后，就是认真地回复审稿专家给出的每一个建议。下面，我们就看一下回复审稿人意见的思路（图2）。

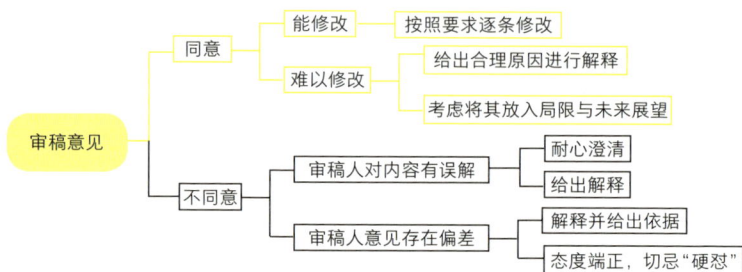

图2　回复审稿人意见的思路

具体来说，在回复审稿人意见之前，我们首先需要判断是否同意这一意见，然后再展开回复。

同意审稿人意见的两种情形

一是审稿人提出的问题可以通过修改论文解决，如补充文章细节、修改语言措辞、增加某个实验或数据处理问题等，你只需按照审稿意见逐条继续修改完善即可。

二是审稿人提出了无法修改的关键问题，如研究设计存在重大漏洞、研究方法不科学等。这时你要做的就是端正态度，正视自己的问题，尽可能地给出合理的原因解释，或提出相应的解决措施，写在论文的"局限和未来展望"部分。

不同意审稿人意见的两种情形

第一种情况是审稿专家对论文的内容产生了误解，提出疑问或意见。这种情况并不难应对，你只需要在回复中解释清楚即可，注意措辞礼貌，别说"你没看清"一类的话。话术像这样就行：我们清楚您想要表达的意思，但是我们论文的关注点主要是×××，因此您说的情况跟我们目前这个研究的目的不太契合，但是您的建议为我们以后的研究提供了很好的思路……

第二种情况是你不认同审稿专家提出的意见。这种情况较为难办，但也不用紧张。如果你坚持自己的观点，可以进行解释，但一定要做到有理有据，通常可以用前人的研究来作为支撑。没有依据的争论辩驳只会给审稿专家留下负面印象，甚至有可能将论文推下悬崖。

完成论文修改的同时，我们需要撰写修稿信，回复评审意见，等待编辑和审稿专家的次轮评审。这一封小小的修稿信可是论文发表关键的一大步，好的回复能让论文距离被接收的日子更近一些。当然，这里面也有不少小"套路"，下面我们就来聊聊回复审稿人的小技巧。

回复审稿人意见的"加分项"与"减分项"

加分项	减分项
适当适时地向编辑和审稿人表达感谢	与审稿人争执，说对方不懂，冷嘲热讽
逐条回复编辑和审稿人提出的问题 • 一一对应，不投机取巧 • 无法解决的问题解释清楚，放入文章局限部分，如实汇报 • 赞扬的意见同样进行回复	出现过激言语 • 你说得不对 • 我不同意你的意见 • 我们在文章里已经说过这个问题了
清晰、明确指出改动之处，完整提供补充材料 • 使用不同字体或者颜色进行区分 • 标注明确修改的位置、页码	抱有侥幸心理，避重就轻，忽略某些意见 • 答非所问 • 对回答不了的问题假装没有看到
把握修改时间，按时／提前提交修改稿件	回答方式"假大空"，全是套话，缺少理论依据和有效解释
回答简洁、态度真诚，以解决问题、提升论文品质为导向	过度揣测、歪曲审稿人意图，希望混过去就行

学术新人试体验

　　小明是一名研三的学生，在过往论文修改的过程中，小明曾经吃过一些亏。虽然他在回复审稿人意见的时候，极力地劝说自己要保持心态平和。但是，看到自己辛辛苦苦写的论文被无情批判的时候，他还是会产生"为什么会提这样的问题？""我已经写得很清楚了，难道你没有看见吗？""这是什么鬼问题？"等想法。而这些都是很"危险"的想法，容易让自己在回答审稿人提出的问题时掺杂情绪因素，不耐心、不理智。

在一次投稿中，小明收到的评审意见其中一条是，审稿人要求他添加一个实验，然后进一步验证变量之间的因果关系。小明在看到这条意见的时候，就开始犯愁："加一个新的实验也太麻烦了吧？不仅要找样本，还得分析，还得写进论文里……"他被这样的想法纠缠了很久，甚至产生过放弃修改的冲动。一直拖到临近修改稿提交的截止期限，小明才着手设计实验，结果因为太匆忙，新做的实验也没有收到很好的结果。

小明后来记住了这一教训，并且在一次编辑经验分享中，获取了解决类似问题的更聪明的办法。分享的编辑说，既然你的论文通过了第一轮审稿人的外审以及主编（副主编）的审核，给了你修改机会，那就说明他们对你的论文有一定的期待，并且相信你的论文有修改的价值。尽管有一些意见比较难回答，或者不能正面直接回答，但是放弃是最傻的决定。当你无法解决审稿人提出的问题时，可以试着推测审稿人意见中所体现出来的期待，是深化理论创新，还是完善研究方法，然后再相应地给出对策。作者应该与审稿人统一目标，那就是让论文变得更好，而不是把审稿人放到对立面。

听完那次讲座之后，小明反思了自己之前的行为，认为自己的做法不够成熟。同时，他也学到了一招：虽说不要过度解读审稿人意见，但是可以通过适度揣摩，为看似不可能的问题寻找一个出口……

最后，这里给出一个回复编辑以及审稿人意见的简要例子，给第一次做这件事情的同学展示一下大概的意思，希望给大家一点启发。

RESPONSES TO THE EDITOR（给编辑的回信）

I have now received the reports from the two reviewers of your manuscript，which are included at the bottom of this letter. Both reviewers have acknowledged the improvement of your manuscript. One reviewer in particular has identified some further issues which require attention before the manuscript is suitable for publication but these do not warrant a further round of reviews. After reading the manuscript myself I tend to agree with them. In particular，I would recommend to avoid terms implying causal relationships，as stated in Hypothesis 1（"influences"）.（编辑综合审稿人意

见之后给出的决定）

[RESPONSE: We are grateful for the opportunity to revise our manuscript and for your suggestion（表达感谢）. We have changed×××，as you advised（说明已经根据意见进行了修改）(see page 6)（指出修改的具体页码）.]

DETAILED RESPONSE TO REVIEWERS' COMMENTS （给审稿人的回信）

REVIEWER

Comments to the Author

1. The author ×××××.（第一个审稿意见）

[RESPONSE: Thank you for the positive comments（表达感谢）. We hope you find that the revised manuscript has addressed your comments satisfactorily.]

2. Table 1. Please insert ×××××.（第二个审稿意见）

[RESPONSE: Thank you for your suggestion.（表达感谢） We have added ××× to Table 1（说明做出了何种修改）(please see page 32)（指出修改的具体页码）.]

......

N（第 N 个审稿意见）

We are grateful for your constructive comments and suggestions!（所有问题修改完成之后，再次表达感谢）

References（列出修改过程中的参考文献）

[1] × × × × ×

[2] × × × × ×

相信有了这些黄金原则和技巧，你的"论文历险记"会更顺畅一些。需要注意的是，以上只是一般性的策略和方法，运用的时候还需要根据学科以及具体期刊去调整。要牢记，我们的目标就是正确对待并最大化利用审稿人的审稿意见，让其成为提升我们论文质量和未来研究能力的一种助力，不要去意气用事，做情绪方面的战斗。当然，如果已经做得足够好，最后还是被拒了，也不要太灰心，可以根据审稿意见修改一下，投到其他期刊。一篇文章走几个地方再找到属于它的"家"，是很正常的事，对年轻学者是这样，对于资深专家也是如此。

第5章

打开"黑箱"——审稿流程揭秘

在上一章中，我从作者的视角出发，给大家展示了论文从投递、审阅、修改，到最终发表的全过程。那么，在编委的眼中，一篇论文又是如何走向发表的呢？论文在不同的审稿人和编辑手中是如何流转的？审稿人是怎么选择的？审稿意见是如何做出的？如何加快论文的审稿流程，提高成功发表的概率？作为多家 SSCI 期刊的副主编及评审委员会委员，我主持审阅过不少论文，接收过许多有趣的、令人兴奋的文章，也拒绝过一些与期刊定位不符或尚未达到发表标准的文章。在这一章中，我将从学术期刊副主编的视角，打开论文审稿的"黑箱"，来聊一聊论文审稿的流程，并送上一些有助于论文成功发表的小建议。

● **副主编的具体职责**

在评审过程中，副主编（或者在某些期刊是编委会成员）是与论文互动最为频繁、关系最为密切的角色。图 1 中示例了某期刊副主编的工作台面。概括而言，副主编的核心工作包含两部分：一是审稿人的选择与邀请；二是综合审稿意见给出每一轮的审稿决定。

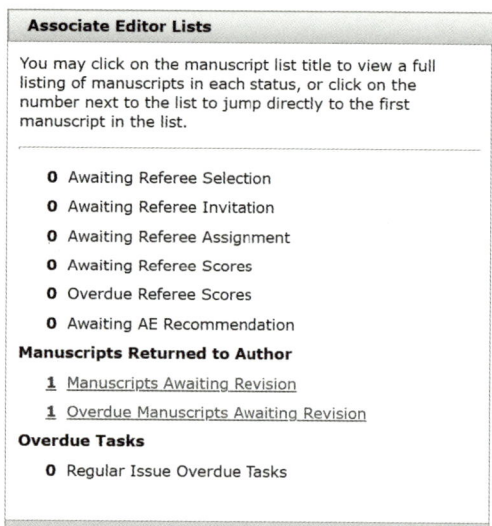

图1 副主编工作台面

（1）等待评审选择

通过初审的文章会进入"等待评审选择"（Awaiting Referee Selection）阶段，由副主编阅读该文章，并根据论文的具体内容在评审库内检索合适的评审，通常情况下要求 14 天内处理完成。每位评审在注册时会填写自己的研究兴趣，同时系统会显示该评审在该期刊的既往投稿和评审记录。

主编系统里常用的检索方式有两种。一种是根据作者自己填写的论文关键词进行自动检索。例如：文章的关键词中如果包含"变革型领导"（Transformational Leadership），就会检索出个人研究兴趣中有"变革型领导"，或既往投稿的题目中含有"变革型领导"的评审。所以，填写准确的关键词，会有助于副主编及时准确地为你的文章选择评审，加快评审流程。

如果作者的研究话题较新，所能够匹配的潜在评审较少，或者该期刊此前发表该话题的文章较少，自动检索就很难满足选择评审的需要。这时，副主编就需要根据文章内容选择其他关键词，如文章中所应用的理论和方法，或者扩大检索范围，从"变革型领导"扩大至"领导力"（Leadership），乃至"组织行为"（Organizational Behavior）。一篇论文通常需要参考3个左右评审的意见。理想的情况下，评审中要兼顾偏重理论和偏重方法的学者，并且最好有该论文引用的参考文献的作者。

这里大家估计就能看出来，为什么我们选择期刊的时候，最好选择某个研究话题比较高频发表的期刊。从副主编的工作难度你也可以明白，如果备选库里的潜在评审越多，这部分工作就越容易完成。

（2）等待评审邀请

评审选择完成后，论文会接着进入"等待评审邀请"（Awaiting

Referee Invitation）阶段。现在，绝大多数编委会采用自动化办公系统，完成评审筛选后，可以一键生成并发送邀请邮件。因此，评审邀请的工作几乎可以瞬间完成，而后进入"等待评审分配"（Awaiting Referee Assignment）阶段。

（3）等待评审分配

如果受邀的评审认为自己有足够的兴趣、能力和时间处理这篇文章，他们就会接受邀请，并会被分配为该篇文章的正式审稿人。然而，由于各种原因，评审专家并不总是能够接受邀约。这时，副主编需要返回上两个阶段，再次进行评审的选择与邀请，并且关注邀请的结果，判断需不需要再邀请其他评审，直至满足审稿人数的最低要求。这个过程的时间长短需要视具体情况而定，一般不会超过 30 天。

（4）等待评审分数

评审分配完成后，论文进入"等待评审分数"（Awaiting Referee Scores）阶段。审稿人需要在 30 天内，根据期刊的要求提交评审意见。举个例子，某期刊的评审标准包括如下方面：

- 原创性和创新性：论文是否原创？是否具有足够的创新性？

- 文献综述：论文是否对现有文献进行了合理的综述？论

文中所引用的文献是否恰当？所引用文献的质量如何？有没有忽略领域内的重要文献？

- **研究假设：**论文论点的建立以及推论是否基于成熟的理论？是否符合逻辑？

- **研究方法：**研究方法的选取是否恰当？是否与研究问题匹配？研究设计是否严谨？是否存在明显的漏洞？

- **研究结果：**数据分析的方法是否正确？结果的呈现是否清晰？研究结果与研究假设是否对应？

- **研究意义：**论文是否明确指出了对理论和实践的影响？论文是否缩小了理论与实践之间的差距？研究如何作用于实践，如影响经济和商业、教学等？研究对社会有什么影响（影响公众态度、生活质量）？研究意义是否是论文结论的延展？

- **学术呈现的品质：**论文表达是否遵从领域内学术论文的语言规范？术语使用是否准确？论文是否能够被领域内学者或者潜在读者所理解，进而达到学术交流的目的？

评审专家需要从上述 7 个方面，对论文给出具体评价，并从文章整体出发给出意见：reject（拒稿）、major revision（大修）、minor revision（小修）或 accept（接收）。如果审稿人未能在规定时限内提交，副主编需要及时询问缘由，决定是否给予一定时间的 extension（延期），或更换其他审稿人。

（5）等待副主编推荐

评审意见的数量达到要求后，论文进入"等待副主编推荐"（Awaiting AE Recommendation）阶段。副主编需要综合评审专家的意见，做出最终决定。当评审专家意见比较一致时（比如3位评审专家均给出"拒稿"，或者其中2位都建议"拒稿"，而另一位建议"大修"），副主编能够较为轻松地给出最终决定。

但当评审专家意见十分不一致时，就需要副主编对文章做出进一步的评估和判断，给出最终的决定信（Decision Letter）。决定信中包含副主编和审稿人对该文章的所有意见。

（6）论文等待修改

在第一轮就拿到"接收"的论文极为罕见，得到"拒稿"的论文则会直接退出副主编的工作系统。获得"大修"和"小修"的论文会保留在系统中，需要作者进行返修，而后再次提交。如果作者愿意修改论文并继续在该期刊发表，就需要在规定的时限内提交修改后的论文，并附上修改说明，回复评审意见。修改时限一般为90天。如果作者认为需要额外的时间，可以递交申请获得延时。有的期刊系统可以点击"申请延期"，有的则需要写邮件给副主编，一般这样的申请都会通过。

返修回来的文章将重新经历上述程序，一般由同样的审稿人进行评审。有时，由于审稿人的个人原因，或是为了解决论文评审过程中出现的新问题，副主编也会引入新的审稿人。上述过程通常要持续3~4轮，论文才能拿到副主编的终审意见——"接收"或者"拒稿"。

● **评审通关的攻略**

毫无疑问，论文自身的质量与贡献是决定其能否被录用的根本因素。但注意到下列细节，也许能够帮助你的论文审稿进度加快，提高成功发表的概率。

（1）研读期刊网站和投稿指南，针对性地调整内容与格式

仔细研读期刊网站和投稿指南，有助于提升你的论文与期刊的契合度。例如：期刊《中国管理研究》（*Chinese Management Studies*）致力于发表关注中国企业管理过程的高质量研究。如果论文能够突出研究是基于具有中国特色的管理现象和管理理论，回应中国企业独特的管理问题，突显研究对于中国管理的社会意义与实践意义，就能鲜明地体现出论文与期刊的契合度。同时，不同期刊的格式要求也不尽相同，大家可以阅读本部分第3章，严格遵循投稿的要求进行修改，否则会让编

辑感到这篇文章并不是"专门"为这个期刊准备的。

（2）认真填写投稿信息

在填写投稿系统的流程中，作者需要在提交论文的同时填写论文和作者信息。成败在于细节，大家可以仔细读一下本部分第 3 章的攻略，这些信息不仅能够展示作者诚恳、严谨的治学态度，对于编辑和审稿人快速获取论文信息、判断贡献大小来说也十分重要，同时有利于副主编"按图索骥"为文章选择合适的审稿人。

（3）尊重审稿意见，回应所有问题

学术期刊的审稿人都是义务劳动，贡献自己的时间和精力，为别人的研究提出改进意见。这些意见中有主要的，也有次要的，但多数都是极富建设性的，是评审专家经验和智慧的表达，值得作者给予足够的重视、改进与回应。并且，同一篇论文的评审一般由同样的评审专家负责到底，如果他提出的问题一直没有得到回应和解决，论文就会不断陷入"修改再投"的轮回之中。此外，副主编在给出推荐结果的同时，往往会简要总结评审专家的意见，提示需要注意的修改要点。作者需要特别关注这些关键问题。

第6章

学术汇报怎么做

科研是孤独的旅程，但不是一个人的闭门造车。学术人的工作除了认真踏实地做好自己的研究之外，还需要与他人（比如同行或者研究结果的潜在受益人）分享自己的研究。在这一章，我们一起来梳理一下，如何做出一份令人心动的学术汇报，并且聊一下，不同场合下的学术汇报应该着重强调什么内容。

● 学术汇报的通用技能

一般来说，学术汇报的逻辑与论文写作的逻辑一致，需要按照引言、理论和假设、方法和结果以及讨论几个部分展开。在这个整体框架的指导下，做出一份理想的学术汇报，需要具备以下技能（图1）。

（1）PPT制作技巧

清晰、美观的PPT是做好学术汇报的前提。而PPT的美观程度，取决于颜色、字体、背景、图表以及动画的使用。在PPT的颜色配置上，要避免混杂太多颜色，做到简洁大方即可。

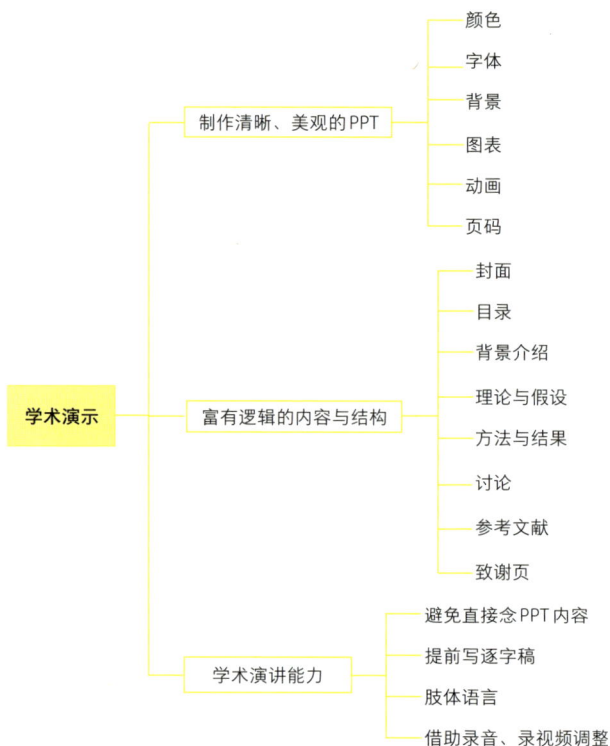

图1 学术汇报的通用技能

一般来说，PPT 颜色挑选的小妙招是，以学校校徽的颜色作为主色调，然后使用黑、白、灰等作辅助颜色。在字体选择方面，相比于 Word 里常用的宋体和 Times New Roman，不少学者比较喜欢在 PPT 里用微软雅黑。字体方面还需要注意的是，最好统一整个 PPT 所使用的字体，多种字体的混合会降低整体美观度和舒适度。字体大小也是需要考虑的因素之一，其选用原则是尽量能让受众看清楚。

除此之外，与一般汇报类似，学术汇报中不建议往 PPT 上堆放大量的文字。否则，满屏的文字会转移听众的注意力，导致大家都在读文字而不是听演讲者所表述的内容。此时，有同学可能会产生一个困扰，就是在学术汇报的 PPT 中，尤其是背景汇报部分，本身就需要放置大量文字才可以表述清楚。在这种情况下，可以提取关键词，不要铺大段的文字或者完整的句子，同时可以辅助使用 PPT 里的项目符号和编号功能，以更加清晰的形式呈现相关内容。

接下来，说一下 PPT 的背景选择。白色是学术汇报 PPT 背景的首选颜色，因为有时候，深色的背景可能会因为汇报场所的光线太亮而导致看不清楚。PPT 中可以使用动画特效，但要避免太过花哨。同时，学术汇报 PPT 制作的原则还包括，能用图表展示的内容就尽量避免使用文字。这是因为图表呈现方式往往更加清晰和简洁，里边的信息更容易辅助自己的口述，被听众所吸收和接受。

最后也是非常重要的一点，是给 PPT 标注好页码。这样不仅可以起到呈现汇报进度的作用，也方便在后续提问或者讨论环节，对相关内容进行快速、准确的定位。

（2）学术报告的内容与结构

学术汇报整体需要富有逻辑，要根据文章写作的逻辑循序渐进地展开，以讲故事的形式分享研究成果。为了达成这一效果，需要关注汇报的结构和内容之间的关联。一般来说，汇报的结构包括以下几个部分：

第一是封面，需要写清楚汇报内容的题目、演讲人及所在机构、汇报日期，以及这一汇报的场合是在某个学术会议上的汇报，还是平常的组会汇报。如果是一篇论文的汇报，还可以标注好论文的具体信息。

第二部分是目录，可以列出本次汇报包含哪几个部分。

第三部分是背景介绍，与文章引言的作用类似，学术汇报中的背景介绍部分要给出做这个研究的大背景是什么，以及在大背景下做该研究的必要性是什么。研究背景的介绍可以按照从大到小、从宏观到微观的顺序展开，目的是向听众介绍在大的版图下，在浩如烟海的选择中，你为什么要做这个研究。

第四部分是理论与假设，这一部分更加聚焦于自己的研究模型。在讲述这部分的时候，建议大家将自己的模型图呈现出来，并且尽量用简短的话说清楚，比如简要说明研究变量之间的各种关系。不建议的做法是，将自己在论文写作中提出研究假设的过程一比一复制到学术汇报中去，这会在无形中将整个汇报的时间拉长。

第五部分是研究方法和研究结果。在这部分中，需要着重讲清楚数据源自何处、涉及的样本是什么、最终的样本组成结构如何，以及所使用的研究数据是否支持自己提出来的研究假设。

第六部分是讨论，最后这一部分的重点是讲清楚自己研究的贡献点是什么。贡献点的阐述，重点在于跟前人的研究进行对比，然后提出自己的研究是如何将现有研究往前推进的。同时，要和第三部分相呼应，也就是当时写的必要性、创新点，给它呼应一下，做到有头有尾。另外，这一部分也可以说一下研究的局限和对未来研究的展望。

在说完主要内容之后，需要把前边 PPT 中所引用到的文献列表呈现出来。PPT 的最后的一页，一般是表达感谢和个人信息的页面。

（3）学术汇报中"演讲"的能力

在制作好 PPT、合理安排汇报内容与结构的基础上，一份令人心动的学术报告还需要汇报者具有良好的演讲和呈现能力。

在进行汇报的时候，最忌讳的事情就是按照 PPT 上的文字逐字逐句地念。这种方式可能会让听众觉得，自己没有受到足够的尊重，同时时间会变得很难熬。这一问题的解决方案是多练习——尽量用平实易懂的语言流畅地对研究进行讲述，少用专业术语和专有名词，应结合肢体语言，抓住听众的注意力，让听众跟着你的逻辑和思路走。

如果有必要的话，可以写一个逐字稿，在正式做汇报之前，多多练习。比如，可以通过录视频、录音等方式，对自己的汇报过程进行观察和调整。这点需要和大家说一下，我发现在实践中，同学们在做汇报的时候往往准备工作不够充分，但事实上，在面对大型汇报的时候，多加练习一点儿都不过分。我观察过不少著名学者，在公开演讲之前都是要对着镜子练习好多遍的。

● 不同场合下的学术汇报

（1）与导师一对一汇报

有些时候，我们需要就自己一段时间内所做的研究进展跟导师进行汇报。与导师的汇报，可能不需要那么严格地做出一整份漂亮的 PPT。但是，需要牢记于心的是，在向导师的汇报中一定要写好一份纪要，类似要点或者大纲。这份要点里包括最近自己做了什么，达到了什么结果，过程中遇到了什么问题，对于这些问题自己的思考是什么，需要获得老师哪方面的指导与后续资源支持等。这样做可以提高汇报的效率，而不是想到哪里说到哪里，浪费彼此的时间。汇报结束以后，可以发一份纪要给导师，这样做也是提醒导师后续研究中有需要出力推进的地方，要当回事儿。

（2）组会汇报

由于组会一般是按照固定周期召开的，比如一周一次，或者一个月一次。如果有心利用起来的话，这种固定性与规律性的汇报实际上可以帮助你建立起一份可追溯的学术档案。

在组会上进行的汇报，除了讲述自己最近一段时间所做的工作之外，一定要记得在组会中学东西，不然好多组会一开就是半天、一天，多么浪费时间！除此之外，也要利用组会时间问问题，把需要解决的问题在组会上都说了，把想让老师调动的资源（包括同门资源）一起解决了，别不好意思。

（3）论文答辩/学术会议

在答辩或者参加学术会议时进行的学术汇报，一般会有时间限制，大概在20分钟以内。实际上，在这么短的时间里，是不可能把自己的文章从头到尾详细解说一遍的。这就需要进行内容上的取舍。与前边的内容一致，在这种时间限制较为严格的汇报中，一定需要说明白的事情是：研究的背景是什么，进行这项研究的原因是什么，这项研究是如何进行的，得出的结果以及贡献是什么。

答辩或者学术会议中的汇报完成之后，一般会有讨论的环节。在这一环节，你可以听到同行针对你研究的一些建议，这对进一步提升自己的研究质量有很大的帮助。关于论文答辩的一些细节，本书第二部分第 8 章中已有详细介绍。而对于学术会议中的问答环节，大家也不必过于紧张。涉及的主要问题，一般是听众对于你的研究还不太了解的地方，这种问题只需要进一步解释即可。另外一种类型的问题，就是论文目前可能存在的缺陷，这是个很好的机会，可以与提问者讨论一下可能的解决方案。他可能会给你提一些建议，会后可以去要一下联系方式，日后进一步交流和讨论。需要注意的是，学术会议中的汇报时间是很严格的，大家要控制好自己的汇报时间。精准控时，其实也是可以练习的一个技能。

学术新人试体验

对于快要硕士毕业的小明来说，在学术汇报方面，他有自己的成长历程。刚入学时，小明选择了 "管理学研究方法" 这门课程。根据师兄师姐的经验，这门课上老师会教授很多管理学研究中的必备方法，对之后开展研究很有帮助。但是，这门课程的考核也非常严格，其中很难的一个部分就是分数占比很高的课堂学术汇报。

第一节课，老师就给大家说明了课程的考核方式。其中，学术汇报的要求是，必须在老师给出的几个英文期刊中选择一篇文章，然后在课堂上与大家分享。通过学术汇报的形式，将 20 多页的学术论文清晰而又生动地讲述出来，这对小明来说是一个非常大的挑战。为了防止自己忘记内容或者讲不明白，在做 PPT 的过程中，小明在 PPT 的每页上都放置了大量文字。虽然做了很多准备，但是因为文章的信息量太大，涉及的数据收集和分析方法太多，加之过于紧张，小明最终呈现的汇报不是很理想。在讲述完之后的课堂讨论环节，小明发现对于老师提出的问题，他也只能给出一知半解的回答。

小明人生中"第一次"学术汇报在懵懂中完成了，他对自己的这次汇报进行了深度复盘，认为没有讲好的原因包括对学术论文的范式不够熟悉，PPT 呈现的逻辑性不够，以及讲述的时候平铺直叙、缺乏亮点。最关键的是，小明在汇报之前并没有写稿子也没有预演，虽然"准备"很多，但看起来倒像是没怎么准备。

小明深知要做好学术汇报并不容易，而且他在态度上认可了，汇报是个需要学习进阶的技能。在之后的时间里，他主动去参加了各种学术讲座、定期组会以及学术会议，并且在组会中反复用学到的方法做论文汇报。在不断的"洗礼"和实操下，小明学术汇报的水平逐步提升。在做PPT的时候，他不再只是局限于无限地堆积文字，而是学会了表达重点，并且搜集相关的资料印证观点。汇报的过程中，他也不再完全照着PPT念，而是会与听众进行互动。在引出研究背景的时候，他会尽量结合生活中的事件，尽可能多地抓取听众的注意力。

不断提升的学术汇报能力反过来也带给了小明很多"福利"。在这一能力的加持下，他现在能够在组会的时候合理地表达诉求，也能够在与导师的对话中清晰地表明自己的进展……

记忆深刻的是，硕士二年级时，小明投稿到某会议的文章被幸运地接收了，主办方邀请他在会议现场进行口头汇报。此前，小明仅有的经验是在组会和课堂上做论文汇报，除此之外，从没有在这么正式的场合进行过学术汇报。他感到十分紧张。为此，他早早地开始准备演讲所需的PPT和讲稿。

借鉴以往的经验以及老师和学长学姐进行学术汇报的优秀案例，小明认为，简洁、美观、严谨的PPT是进行一场好的学术展示的前提。于是，他以学校校徽的颜色作为主色调，使用微软雅黑字体，精心设计、制作并排版了自己的PPT。

为了让 PPT 更加简洁明了，他没有粘贴大段的文字，而是提炼了内容的逻辑层次和关键词，使用项目符号突出重点，并且为每一页 PPT 添加了页码。

在内容设置上，小明大致依据自己提交论文的内容进行安排。同时，他了解到参加这次会议的听众并不都是来自本领域的专家。为了方便非本领域的听众快速接收信息，他适当增加了背景介绍，控制了讲解技术和方法部分的内容，并且把研究所做的重要贡献和创新点前置，达到开宗明义、前后呼应的效果，让与会者印象更加深刻。

不仅如此，为了解决自己"社恐"的问题，小明准备了逐字稿，勤加记忆和练习，使之形成肌肉记忆。在不断练习的过程中，小明感觉自己使用的语言过于学术性和书面性，在口头表达时感觉很拗口。于是，他重新修改了讲稿，使用了更加平实易懂的语言，并且把这份讲稿讲给其他专业的朋友听，针对朋友听不懂的部分他又重新梳理逻辑、组织语言……

第四部分

学术人常见问题及解决办法

第1章

本科学术人的捷径：保研细则全解读

相较于考研来说，保研可能是通往读研道路上为数不多的"捷径"。在这一章当中，我们就来看看大学期间如何规划，来争取抓住这个宝贵的机会（图1）。面对保研这个历程中的各种事宜，首先一定要做到的是要稳定心态，不急不躁；然后一定要主动通过学校网站查询，确定学校的"推荐免试研究生综合考核计分方法"；接着根据学校的具体规定，列出一个一个小目

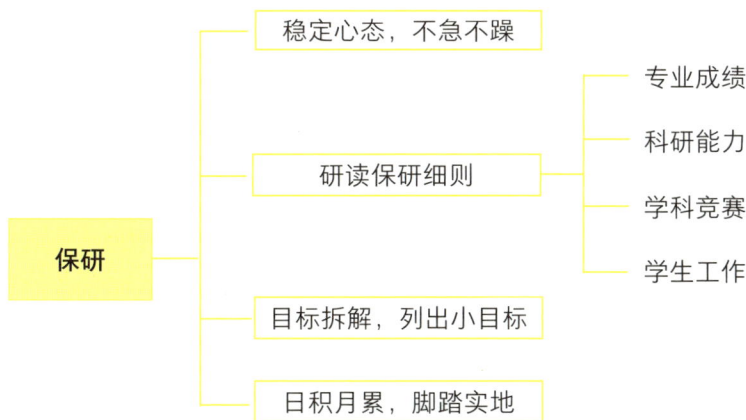

图1 大学期间的保研规划

标，把这项大工程拆解成一件一件的小事；最后，有针对性地完成好每一件看起来琐碎的事情，日积月累，慢慢接近自己的目标。

● 研读考研细则

做任何事情，都要先了解规则，才能更好地参与竞争。每年 9 月前后，发布于各个学院官方网站的保研细则，实际上就是一本保研的"规则大全"。里边一般会涵盖各项考核的计分标准和具体的计分项。一般计分项可以分为四大类，即专业成绩、科研能力、学科竞赛和学生工作（表 1）。虽然不同的学校保研细则各不相同，同一个大学的不同学院也会有所不同，但在大类别上，基本是在上述四大项的基础上的微调整。

从保研时间安排来看，一般在大四第一学期刚开学的 9 月份启动保研工作。这也就意味着，一个有志于通过保送研究生去读研的同学，可以根据这四个项目规划自己从大一到大三的学习生活。而且，这种意识和行动越早开始越好。下边我们就逐一看一下这四项保研，然后向大家"透露"一下应对策略。

表1 示例: 某校2021年推荐免试研究生工作实施细则

推荐免试研究生综合考核计分方法		
项目	内容	分值
（一）专业成绩	专业课平均学分成绩	85%
（二）科研创新	1.（1）国家级创业实践项目（2）国家级创新训练和创业训练项目	（1）主持人立项1分，中期1.5分，结项2分，优秀1分；参加人立项0.8分，中期1分，结项1.5分，优秀0.5分。（2）主持人立项0.6分，中期1分，结项1.5分，优秀0.5分；参加人立项0.4分，中期0.7分，结项1分，优秀0.3分。
	2. 北京市大学生科学研究与创业行动计划项目	主持人立项0.4分，中期0.8分，结项1.2分，优秀0.5分；参加人立项0.2分，中期0.5分，结项0.8分，优秀0.2分。
	3. 校级本科科研基金项目	主持人立项0.2分，中期0.5分，结项1分，优秀0.5分；参加人立项0.1分，中期0.3分，结项0.5分，优秀0.2分。
（三）学术论文	1. 在学校认定的CSSCI目录期刊上公开发表的论文（所有论文必须是已经公开发表并已拿到正式出版刊物，CSSCI期刊目录可在学校科研院网站查询）2.本科生学术论坛论文	1.正式发表的期刊论文（不含会议综述、短论等）A类期刊:第一作者或通讯作者，3分；第二或第三作者，1分；B类期刊:第一作者或通讯作者，2.5分；第二或第三作者，0.8分；C类期刊（不包括外文普通期刊）:第一作者或通讯作者，2分；第二或第三作者，0.6分；其他CSSCI期刊:第一作者或通讯作者，1分；第二或第三作者，0.4分；注:论文第一作者单位必须是某大学经济与工商管理学院；若第三作者（不含）之后的作者为通讯作者，则第三作者不加分。2. 本科生学术论坛论文（每年度只计1篇最高得分论文）一等奖，第一作者:1.2分，第二作者:1分，第三作者，0.6分。

		注：论文第一作者单位必须是某大学经济与工商管理学院；若第三作者（不含）之后的作者为通讯作者，则第三作者不加分。2.本科生学术论坛论文（每年度只计1篇最高得分论文）一等奖，第一作者：1.2分，第二作者：1分，第三作者，0.6分。二等奖，第一作者：0.8分，第二作者：0.6分，第三作者，0.4分。三等奖，第一作者：0.6分，第二作者：0.4分，第三作者，0.2分。
（四）学科竞赛	1.学校认可的各类学科竞赛获奖，一共31项，即（1）全国大学生数学竞赛；（2）全国大学生数学建模竞赛；（3）美国数学建模竞赛；（4）IMA管理会计案例大赛（全国赛）；（5）"创青春"全国大学生创业竞赛；（6）"挑战杯"全国大学生课外学习科技作品竞赛；（7）中国"互联网+"大学生创新创业大赛；（8）全国大学生英语竞赛；（9）全国英语演讲大赛；（10）ACM国际大学生程序设计大赛（国内外赛点）；（11）中国智能机器人大赛；（12）微软大学生嵌入式系统竞赛；（13）全国仿真大奖赛；（14）全国大学生化学实验邀请赛；（15）全国师范院校学生语言文字基本功大赛；（16）全国高校音乐教育专业基本功大赛；（17）北京市大学生数学建模竞赛；（18）北京市大学生电子设计竞赛；（19）北京市大学生物理竞赛；（20）北京市大学生数学竞赛；	1.学校认可的各类学科竞赛获奖计分方法是：第（1）（2）项，一等奖为3分，二等奖2分，三等奖1分；第（3）项，O奖或F奖为3分，M奖2.5分，H奖2分；第（4）项，一等奖为3分，二等奖为2.5分，三等奖为2分；第（5）至（16）项，特等奖为3分，一等奖为2.5分，二等奖为2分，三等奖为1.5分；第（17）至（21）项，一等奖为2分，二等奖为1.5分，三等奖为1分；第（22）至（25）项，特等奖为2.5分，一等奖为2分，二等奖为1.5分，三等奖为1分；第（26）项，一等奖为1.5分，二等奖为1分，三等奖为0.5分；第（27）至（30）项，一等奖为1分，二等奖为0.5分。2.其他省市级以上专业相关竞赛获奖计分前五位成员，其中国家级一等奖为1.5分，二等奖为1分，三等奖为0.5分；省市级一等奖为1分，二等奖为0.8分，三等奖为0.5分。两项奖项只计最高分，不重复计分。

	（21）北京市大学生英语演讲比赛（含奥运专题）;(22)"挑战杯"首都高校大学生创业计划竞赛;（23）"创青春"首都大学生创业大赛;（24）"挑战杯"首都高校大学生课外学习科技作品竞赛;（25）中国"互联网+"大学生创新创业大赛市级比赛;（26）"京师杯"学术论文竞赛;（27）北师大程序设计大赛;（28）北师大数学建模竞赛;（29）北师大大学生英语演讲比赛;（30）中国"互联网+"大学生创新创业大赛校级比赛 2.其他省市级以上专业相关竞赛获奖（提交证明材料由学院审核认定）	
（五）国际化经历	境外交流经历	参加哈佛模联并赴美竞赛成员0.4分，在学期间到海外学习或实践2~3个月0.5分，4~6个月1分，7~11个月1.5分，1年及以上2分。
（六）社会服务	1.市级以上优秀学生干部、三好学生、优秀党员、优秀团员	1.2分/学年
	2.校级优秀学生干部、三好学生、校级优秀党员、校级先锋党员、十佳志愿者等	0.8分/学年
	3.校级优秀团员	0.6分/学年
	4.学校社会实践奖、京师风尚奖、社会工作奖、志愿服务奖、文体之星奖	0.3分/学年
	5.院级优秀干事（团委、学生会）、院级优秀党员、院级优秀团员、院级优秀学生干部	0.2分/学年
	6.经学校和学院认证的重大活动参与者（依据学校党委学工部的相关文件认定予以适当加分）	优秀：1分 其他：0.8分

第一项：专业成绩

优异的成绩是保研的基础。在计分四项中，专业成绩的分值占比是最高的，一般来说占 80% 左右。一般保研专业成绩的计算集中在前 5 个学期。这就意味着从大一的第一堂课开始，就需要学好每一门专业课，无论是平时成绩还是期末考试、论文，都得认真对待。努力提高专业成绩，是保研人的首要任务。如果可以做好这一点，其他三个加分项的压力也会小一些。同时需要注意的是，"不挂科"可以说是保研道路上的底线，因为有很多学校规定，只要有一门课不及格，不仅不能获得奖学金，还会直接取消保研资格。

第二项：科研能力

在保研的竞争中，尤其是国内顶尖高校里，专业成绩高、大学英语四六级考试 600 分以上、雅思 7 分以上、托福 110 分以上的优秀选手比比皆是。在这种情况下，科研能力就成了保研过程中让你脱颖而出的"法宝"。而科研能力主要体现在主持和参加过的科研项目、发表论文的质量和数量以及其他科研经历。

比较常见的项目，就是本科生科研基金与大学生创新创业训练计划项目，"互联网 +""创青春""挑战杯"等一系列校级、市级和国家级创新创业比赛，俗称"本基与大创"，不同的项目加分力度不一样。时间安排方面，从大一起就可以尝试参加，一开始可能会面对立项不成功或是评级较低的情况。但是这些都没关系，因为这个阶段你的核心目标是积累经验，感受项目的流程与难度。经过一年的历练，在大二的时候可以再次参与，这时取得立项的成功率会更高。部分学校在大三阶段就不允许学生参与这些项目了，所以同学们需要了解清楚相关的信息，不要错过每一次可能对自己有所帮助的机会。

除此之外，有能力的同学也可以通过联系学科领域的老师，参加他们的项目，例如国家自然科学基金或者国家社会科学基金项目。和更成熟的学者并肩做项目，这样你的综合能力和做项目的水平都会上一个台阶。"升维打击"也是一个很好的策略。至于论文，道理也是一样的。我认为，发表不入流的论文是非常减分的。好的办法还是去和老师合作，参与严肃的科学研究，去实在地提升科研能力，丰富科研经历。

第三项：学科竞赛

学科竞赛，顾名思义就是某些学科领域的高难度考试。例如，大家比较熟悉的中国"互联网＋"大学生创新创业大赛、全国大学生数学竞赛、全国大学生英语竞赛等。与科研项目相似，获奖等级越高，相应加分自然也是越多。时间安排方面，逻辑也是与科研项目的时间安排一致，大一是试水阶段，拿到奖当然最好，即便没有得到很好的结果，大二、大三还可以再战。

学科竞赛的选择是非常多的，中国高等教育学会官网每年都会公布新一年的榜单，这里也给大家列出了2021年竞赛榜单（表2），大家可以依照自己擅长的方向进行选择。

表2　2021年全国普通高校大学生竞赛榜单内竞赛项目名单

序号	竞赛名称
1	中国"互联网+"大学生创新创业大赛
2	"挑战杯"全国大学生课外学术科技作品竞赛
3	"挑战杯"中国大学生创业计划大赛
4	ACM-ICPC国际大学生程序设计竞赛
5	全国大学生数学建模竞赛
6	全国大学生电子设计竞赛
7	中国大学生医学技术技能大赛
8	全国大学生机械创新设计大赛
9	全国大学生结构设计竞赛
10	全国大学生广告艺术大赛
11	全国大学生智能汽车竞赛
12	全国大学生交通运输科技大赛
13	全国大学生电子商务"创新、创意及创业"挑战赛
14	全国大学生节能减排社会实践与科技竞赛
15	中国大学生工程实践与创新能力大赛

序号	竞赛名称
16	全国大学生物流设计大赛
17	外研社全国大学生英语系列赛－英语演讲、英语辩论、英语写作、英语阅读
18	全国职业院校技能大赛
19	两岸新锐设计竞赛·华灿奖
20	全国大学生创新创业训练计划年会展示
21	全国大学生化工设计竞赛
22	全国大学生机器人大赛－RoboMaster、RoboCon、RoboTac
23	全国大学生市场调查与分析大赛
24	全国大学生先进成图技术与产品信息建模创新大赛
25	全国三维数字化创新设计大赛
26	世界技能大赛
27	世界技能大赛中国选拔赛
28	"西门子杯"中国智能制造挑战赛
29	中国大学生服务外包创新创业大赛
30	中国大学生计算机设计大赛
31	中国高校计算机大赛－大数据挑战赛、团体程序设计天梯赛、移动应用创新赛、网络技术挑战赛、人工智能创意赛
32	蓝桥杯全国软件和信息技术专业人才大赛
33	米兰设计周－中国高校设计学科师生优秀作品展
34	全国大学生地质技能竞赛
35	全国大学生光电设计竞赛
36	全国大学生集成电路创新创业大赛

序号	竞赛名称
37	全国大学生金相技能大赛
38	全国大学生信息安全竞赛
39	未来设计师·全国高校数字艺术设计大赛
40	全国周培源大学生力学竞赛
41	中国大学生机械工程创新创意大赛-过程装备实践与创新赛、铸造工艺设计赛、材料热处理创新创业赛、起重机创意赛、智能制造大赛
42	中国机器人大赛暨RoboCup机器人世界杯中国赛
43	"中国软件杯"大学生软件设计大赛
44	中美青年创客大赛
45	RoboCom机器人开发者大赛
46	"大唐杯"全国大学生移动通信5G技术大赛
47	华为ICT大赛
48	全国大学生嵌入式芯片与系统设计竞赛
49	全国大学生生命科学竞赛(CULSC)-生命科学竞赛、生命创新创业大赛
50	全国大学生物理实验竞赛
51	全国高校BIM毕业设计创新大赛
52	全国高校商业精英挑战赛-品牌策划竞赛、会展专业创新创业实践竞赛、国际贸易竞赛、创新创业竞赛
53	"学创杯"全国大学生创业综合模拟大赛
54	中国高校智能机器人创意大赛
55	中国好创意暨全国数字艺术设计大赛
56	中国机器人及人工智能大赛

* 来源:中国高等教育学会《2021全国普通高校大学生竞赛分析报告发布》
https://www.cahe.edu.cn/site/content/14825.html

第四项：学生工作

与前三项有所不同，学生工作是抛开学习之外的内容。参与团委、学生会或学校的各类社团组织，并完成组织里安排的各种事情，都属于学生工作的范畴。除了保研细则，有些综测加分细则里面也会提到具体的加分内容，一些比较重要的校级组织或者院级组织都是有加分项目的。相对来说，学生工作的"战线"一般会拉得比较长。假设大一加入学生部门，一些学校会有规定，在大二、大三晋升到部门中比较高的职位的时候，才会获得加分。这里面的时间成本是需要大家去权衡考量的。

之所以说保研是一条接触学术的捷径，是因为成功保研能让你提前一年确定去向，有更多时间进入科研状态，但这并不意味着这条路很轻松。你需要积极获取信息，及早制定规划，持续付出三年的努力，才能成功保研，进入理想的院校。

学术新人试体验

小明是一名大一刚入学的新生。高考时，他没能进入理想的学校。因此，从大学入学开始，他就有了一个去"985"院校读研的目标。他从学长学姐和老师的口中得知，如果他在大学前三年综合表现优异，就可能获得推荐免试研究生的资格，去到自己梦想的学校。

为此，他积极参加各种与保研相关的讲座，收集各种渠道的信息。他了解到学校每年的保研率大概在10%，而他的专业有50多个人，这就意味着他的综合成绩得排在专业的前5名才能获得保研资格。同时，他还从官网上下载了每年的保研细则，对历年保研成功的学长学姐的成绩与加分情况进行认真研究。据此，他制定了自己未来三年的目标。

大一阶段，他计划认真修读数学、英语等基础课和学位专业课，争取把自己的成绩稳定在专业前三名。并且加入学生会，积极参与社会服务和学生工作，希望能在第二年换届选举中竞选部长一职。同时，他计划在大一期间就试着参加本科生科研基金与国家级大学生创新创业训练计划项目的申请，把每一年的机会都利用起来，并且争取参加老师的课题研究，即使最后没有获得名次和加分的机会，这些科研经历也能够在保研复试中为他带来独特的优势。

大二阶段，他计划在课业之余组建自己的竞赛团队，集中参加一些竞赛活动和社会实践项目，如"挑战杯"、大学生英语竞赛、数学建模比赛和寒暑假的返乡调研活动等，并且持续参与本科生科研项目的申请和老师的课题研究。同时，积极为同学服务，争取在学生会的换届选举中进入主席团，并获得"优秀学生干部"的荣誉。

　　大三阶段，他将综合其他同学的表现，对自己的薄弱环节进行查缺补漏。如果成绩排名不够领先，或者某门课拉了后腿，就集中精力提升自己的学业成绩。如果自己的四六级成绩不够亮眼，就努力提高成绩，或者用托福、雅思等语言考试成绩进行弥补。如果科研经历不足，就着重提升科研经历和发表，整合前两年的科研积累，尝试包装出漂亮的科研经历，产出好的科研成果。如果在竞赛加分上处于劣势，就继续参与含金量较高的竞赛……

第2章

学术敲门砖：研究计划怎么写？

在硕士和博士申请的过程中，研究计划（research proposal）是材料清单中必不可少的部分。很多同学在看到研究计划这四个字的时候，脑子里可能会一头雾水——什么是研究计划？是关于如何度过硕博学习阶段的整体规划，还是需要根据报考的专业或者导师的研究方向，写出硕博期间想要研究的问题呢？研究计划写完了之后，硕博期间的科研工作就必须按照里边的内容执行吗？这一章，我就针对这些问题谈一谈什么是研究计划，以及如何撰写研究计划。

● 研究计划长啥样？

在很多学校给出的报考指南中，可能会直接给出来一条只有四个字的要求——研究计划。也有些报考指南（图1），会具体说明研究计划需要涉及的内容，如研究问题、知识储备、创新点、研究框架等。但是，不管有没有给出具体要求，报考指南中一般不会提供研究计划的模板。这就导致同学们在准备这份材料的时候会非常忐忑，越写越担心，从而在无意识中降低了整体的写作质量。

(1) 报名登记表（通过网上报名系统打印，打印前请按要求上传本人电子照片，打印后本人须在每页亲笔签字确认）；

(2) 两份专家推荐信（在网上报名系统下载后请专家填写）；

(3) 个人自述（在网上报名系统下载后填写，需同时在网上报名系统提交电子版）；内容包括个人学术研究经历、学术兴趣、所取得的成就、报考动机和未来发展构想等；无固定模板，总字数不得超过5,000字；

(4) 本人公开发表的学术论文、所获专利及其他研究成果（原件或复印件均可），需同时在网上报名系统提交本人已发表的代表性学术论文，最多3篇；

(5) 博士生学习期间的研究计划（内容包含拟研究的问题、知识储备、创新点、研究框架、研究方法、主要参考文献等；无固定模板，总字数不得超过12,000字）；

(6) 外语水平证明材料复印件（如英语六级、托福、雅思等）；

(7) 已获硕士学位人员提供硕士学位证书复印件【在境外获得的硕士学位须提供教育部留学服务中心的认证书】、毕业证书复印件（单证专业学位研究生和以同等学力申请硕士学位人员不必提供）、硕士学位论文，及硕士课程成绩单原件（由考生攻读硕士学位所在院校研究生培养部门提供并加盖公章，也可从本人档案管理部门复印并加盖其公章。下同）；应届硕士毕业生只需提交硕士课程成绩单原件。被录取后，如在入学报到前不能获得硕士学位证书将被取消入学资格。

图1　申请—考核制博士报考清单

（来源：https://yz.bnu.edu.cn/content/zyml/2022/bsyx.html）

其实，重要的不是有没有固定的模板可以遵循，而是要搞明白如何通过研究计划，呈现出考核者在意的科研素养和科研能力。研究计划的整体逻辑，实际上是找到一个研究问题，提出合理的研究模型或者研究框架，然后给出与之匹配的解决方案以及阐述预期能够达成的成果。因此，研究计划的格式，可以参考开题报告或课题申请书给出的模板，进行展开。

● **通过研究计划，我们需要呈现出哪些能力？**

接下来，基于对研究计划的初步理解，我们再往前思考一步：通过研究计划，可以呈现的能力有哪些？

首先是写作能力。写作能力对于学术人来说，非常重要。通过研究计划，考核者可以对申请者的写作水平做出一个初步的判断。同时，嵌套在写作能力中的其他素质，比如逻辑性与条理性，也可以从研究计划中体现出来。

其次，驾驭领域文献的能力。研究问题和研究模型的构想，不是凭空产生的，而是建立在大量文献阅读与文献处理基础之上的。从研究问题提出的逻辑线以及研究问题的适当性、创新性几个方面，可以判断出申请人对文献的驾驭能力。这种能力可不是一朝一夕可以培养起来的。可能现在的研究问题比较稚嫩，但只要文献能力强，培养起来会非常顺利。

再次，研究方法的掌握程度。与提供已经发表的论文不一样，研究计划中并没有真正收集研究数据，而是需要根据研究问题匹配、设计最为契合的研究方法。比如，如果想要探讨两个变量之间的因果关系，实验室研究是首要选择。除此之外，为了更好地解决研究问题，可能需要结合多种研究方法获取研究数据，从这些方面都能看出申请者对研究方法原理和内核的掌握情况。

最后，研究计划也可以反映任务与时间规划的能力。既然是对硕博期间的学习和任务的规划，那么研究计划实际上包含了这段时间中需要解决的任务有哪些，应该如何解决，以及解决的时间线是什么。通过计划的合理性，可以看出作者的任务协调能力以及规划能力。当然，一些细节性问题，比如研究计划的整体格式是否统一、图表内容是否美观、参考文献是否符合标准等，也可以反映出作者态度上的严谨性。

● **如何撰写研究计划？**

　　具体来说，研究计划可以分为以下几个部分：摘要、关键词、背景介绍、文献综述、研究内容、研究方法、时间规划与预期成果、参考文献等。下面，我们分别来说一下各个部分应该如何撰写，同时大家可以参考本书第二部分"论文全程攻略"的相关章节。

　　第一部分是摘要。与论文写作一样，摘要是对整个研究计划的总结。包括主要的研究内容是什么，打算采用什么样的研究方法以及预期的成果是什么。同样，由于摘要的总领性质，建议在研究计划写作完成之后，再进行摘要的写作，做到正文写作与摘要写作之间的动态匹配。也就是说在修改的过程中，同步调整这两个部分的内容。

　　第二部分是关键词。这一部分不是必需的，但是给出关键词能够帮助审核者更快、更准确地抓住研究的内容与主题，给研究一个更为准确的定位。

第三部分，背景介绍。这部分主要包括研究问题提出的大背景是什么，相当于论文写作中的引言部分。目的是给出选择研究这一问题的原因，阐述研究问题的重要性、必要性和创新性，以及该项研究潜在的理论意义与现实意义有哪些。

第四部分，文献综述。这一部分是背景介绍的延续与细化，用于梳理所研究主题下的相关文献，评述现有研究的进展与不足，进一步突显研究问题在研究进程中所处的位置及重要性。

第五部分，研究内容。这部分主要介绍如何做才能解决上一部分提出的研究问题。

第六部分，拟采用的研究方法。这部分需要说明研究如何开展，例如预期需要多少样本，数据如何收集等。这一部分的写作，要注意给出研究方法的具体执行过程。除非怕露怯，不然的话，越详细越好。

第七部分，时间规划与预期成果。这一部分可以将任务按照预期时间进行拆解，给出与任务相契合的时间进度和各个阶段的预期成果。

第八部分，参考文献。这部分需要重点关注格式问题以及文献列表与文中引用之间的匹配。关于参考文献的生成及管理，可以参考本书第二部分第 7 章的内容。

● 研究计划里的写作策略

研究计划实际上相当于一封"求职信"，它的最终目的是期待心仪的院校或者导师给自己发 offer（邀约函）。那么，在研究计划的写作中一定要强调，为什么做这个研究"非我不可"，也就是需要放大自己的价值，强调自己在这项研究上的不可替代性。另外，研究计划中也要避免空话和套话，提出研究问题之后，一定要给出解决方案，并且辅以说明相应的成果，做到逻辑连贯、有始有终。

最后，你可能会问，研究计划能不能只写一份，然后到哪儿都提交这一份呢？按逻辑是可以的，但在提交之前需要根据报考的学校及导师的研究方向进行调整，毕竟发放 offer 这样的决定，是需要考量匹配度的。

第 3 章

"上岸"后的路:"研0",你准备好了吗?

不管是保研还是考研,"上岸"之后,从"拟录取"到"入学报道"的近 6 个月的"研 0"时间里,大家的身份要进行转变。但每一次身份的转变都需要有适应的过程,可能思维逻辑一时转不过来,也可能做事效率跟不上。此时,利用这段时间做些事情,一边积累,一边度过适应期,可以有效提升 9 月入学后研究生学习生活的品质。

硕士研究生,一般分为学术型硕士研究生和专业型硕士研究生。在这一章中,我会向想要认真做研究的同学谈一下如何度过"研 0"期。也就是说,不管你是专硕还是学硕,只要有学术追求,想要认真试试看,就可以参考这个部分。

● **学术"研 0"的功课**

首先需要明确,研究生的培养模式和本科是完全不一样的,研究生的课程占比相对较少,而文献阅读会贯穿始终。但仍有不少同学还是延续着本科思维,觉得自己是一个学生,要上好课、考好试，这才是天职，然后把大部分时间用在那几门课上，这是大错特错的。诚然，课要好好上，但同时科研要开始做、平行做，不是等没课了的那个学期再做。

在新的阶段，你需要主动培养自己接触领域前沿的能力，主动向他人请教，不断提升驱动力和执行力。下边我们聊一下应该如何利用"研 0"过渡期，做好几个方面的功课。

● 捋顺和导师的关系

与先前所有的学习阶段不同，研究生阶段你将和一个叫作"导师"的人共同渡过。不管你喜欢不喜欢他，讨厌不讨厌他，你们都会有无数的交集。所以说，与导师建立一个良好的沟通渠道，捋顺你们的关系，会让你未来的学习和生活都更舒心。

下边我们来看一下具体如何去做。与导师建立沟通渠道，往往是从邮件开始的。经常有同学抱怨：我的导师不回我的邮件。这时候你就需要反思一下，自己的邮件内容是否表达清晰、是否有提出需要解答的问题等。需要注意的是，不管是邮件、微信还是面谈，这些都只是形式，如何建立一个健康有序的沟通模式和沟通氛围，才是最关键的。而这些，基本上在关系建立的初期，例如前一个月就已经定型，后边再改起来会很难。所以大家一定要在联系导师的初期，就把这些都给自己经营好、铺垫好。

研究生和导师的关系，尤其是学术型硕士研究生和导师的关系，并不应该是像很多同学戏称的"员工"和"老板"的劳资关系。我认为，导师与学生之间更应该是一种合作关系，更像是"战友"，是一种结盟。那么在初期，双方需要多多了解。这是一个双向的过程：在你了解导师的过程中，导师也在了解你。了解什么呢？我觉得应该聊一聊能够置换的"利益"是什么。尤其是学生一方，要琢磨一下，这三年能从导师的课题组里得到什么经历、什么成果，如何丰富自己的简历。也可以考虑一下，自己如何通过学习，去贡献、去为这个课题组的成长努力。

同时我建议，学生可以大胆地去和老师探讨自己的简历规划，讨论自己的优势和缺点，适当表达自己对于沟通方式的喜恶。比如，我在带学生的过程中就会发现，很多时候老师想给的不一定是学生想要的。例如，我自己当学生的时候不喜欢别人管我，所以我现在就不会太去过问学生的进度，只探讨好我们需要做什么就可以了。但是我发现很多学生非常期待老师去唠叨，期待老师去敲打，期待老师在屁股后边儿追着，然后期待老师给他一个具体的截止日期。那这些，你不说，我是永远不会意识到的。所以呢，我们一定不要给老师一个"你猜"的预期。他不但可能猜不到，更重要的是，他可能根本没兴趣去想这个事情。这就和一切密切合作的关系一样，要把自己最大的"雷区"、性格的喜恶都交代明白。然后彼此真诚地去磨合一段时间，之后的合作自然会很顺畅。

除了简单的邮件、微信沟通，在导师允许的情况下，可以争取提前进课题组的机会，毕竟百闻不如一见。在实验室里亲身实地参与课题，除了可以提前适应科研生活、构思研究生阶段的研究目标和体系之外，还可以与导师实打实地共事，在这个阶段的实践中完成你们之间的磨合，促进良性互动关系的养成。同时，可以观察一下组内生态和运营模式，做个有心人。

● 铺垫学术内容：文献的功课

这个时期做好研究生阶段的学术铺垫是十分重要的。这里给大家提出一个"黄金三个月"的概念，也就是给自己三个月的时间，一鼓作气，从文献阅读入手，为研究生阶段打好基础。

如何开始呢？比较好的入门方案，是以导师的研究方向为基础，查阅该领域内的中英文核心文献，将相关文献有所取舍地精读和略读。这个过程中还可以检索查阅导师的论文和著作。此外，一般来说，学生想要去和老师套近乎，都特别愿意去问老师："您给我开个书单吧。"我在这里教大家一个更高级的问法，你可以问一下老师："老师，您能给我推荐一个文献清单吗？我想要在这个阶段补一下文献的功课，尽快进入状态。"这样的话，就显得你是一个即将入门的研究生，而不是一个老师的崇拜者或者单纯的科研爱好者。

这样做下来，一般三个月就可以积累几个小领域的基础文献了。这些文献对日后定出具体的计划以及想出选题特别重要。

● 铺垫学术能力：技能的培养

作为学术人，在"研0"阶段，需要培养起来一些通用的学术人必备技能。下边根据我的经验，举几个例子和大家聊一下。

（1）学术英语能力

趁着这个时间，大家可以继续提升自己的英语能力。对于不少同学来说，语言仍然是阅读文献的障碍。而研究生期间，很多专业的学术研究离不开阅读英文文献，同时需要输出英文论文。所以，提高英语的读写水平很有必要。当然，大家在提升自己英语能力的时候，需要区分一下学术英语和我们一直学习的英语范式之间的差别。如何学习呢？最好的教材就是文献。好的文献，不仅可以获得学科相关的前沿发展，同时能让你从中学到语言的艺术。大家一定要利用好文献这个教材。

另外，口语能力的提升也需要引起大家的重视。对于任何专业的学生来说，这都会是一个加分项。研究生阶段一个重要的环节是参加各种学术会议，包括国际学术会议。在这些国际会议上，用英语与同行分享自己的研究是必备的技能之一。

（2）学术阅读和学术写作能力

在慢慢克服语言障碍的过程中，你也需要开始有意识地提升自己的学术阅读及写作能力。这两个能力为什么非常重要呢？首先，让我来给你"预告"一下研究生的课程大概是如何进行的。总体来说，几乎每门课程都需要你去做演示（presentation），而演示的内容呢，一般是对学术论文进行讲解。如果你没有提前给自己铺垫好学术论文的阅读能力，在完成这项任务的时候就会显得非常吃力。由于研究生的第一年课程压力比较繁重，入学之后再去学习如何阅读一篇论文，可能会导致你觉得跟不上、很焦虑。另外，有些课程的期末考核方式直接是在规定的主题下写一篇小文章，因此，学术写作能力对你顺利完成课程要求也非常重要。进一步讲，除了完成课程要求之外，你也需要在自己的研究方向上进行探索，这同样需要具备扎实的学术阅读和写作能力。

那么阅读和写作能力如何提升呢？这个没什么悬念，就是要多读和多写。阅读的方向，我还是建议以文献为主，除了上边说到的课题组方向的文献之外，你还可以找出自己学科的权威期刊，或者经典文献，去做泛读和精读。如果英文水平确实限制了你阅读文献的能力，也可以尝试从阅读好的中文期刊开始。实际上，很多学科中英文期刊上发表的文章是相通的，同步阅读中英文文献，可以增加对研究内容的理解深度。

比如，组织行为学里很重要的一个研究主题是 "voice"，也就是建言行为，有些同学在英文文献中第一次见到这个单词时，可能会翻译为 "声音"，这在一定程度上会阻碍他们对文章内容的理解。如果可以在初期找一些关于建言的中文文章去学习，对照着来理解，可能效果会有所不同。最后，在阅读文献的时候，还需要留心文献中句子与句子之间、段落与段落之间的逻辑，并且模仿着上手去写作，这将大大提升你的写作能力。关于这两个方面的提升，大家还可以参照本书第一部分和第二部分的相关内容。

（3）其他需要关注的通用学术能力

除了跟文献 "较劲" 之外，你还需要关注一下完成一项研究需要具备的通用技能有哪些，然后尝试去了解和学习。大家可以参考本书的第一部分 "学术基础素养"。

同时，你需要关注你的学科里所需要的，对其他学科来讲可能算特殊，但对你的学科来讲算作通用的技能，并且开始学起来。举个例子，我们管理心理学领域的研究，需要掌握多种数据分析方法，去检验中介效应、调节效应以及中介效应和调节效应的多种组合。高频率使用的数据分析软件有 SPSS、Mplus、Amos、HLM 和 R 语言等。需要掌握的数据分析方法包括相关分析、回归分析、验证性因子分析、路径分析以及跨层次分析等。学会这些数据分析方法不仅需要概率论与数理统计方面的基础知识作为支撑，也需要掌握一些数据分析软件的操作和使用方法。而这些，即便是你去读了研究生，大概率课程中也不会全部覆盖，还是要自学。因此，自己提前学起来，稳赚不亏。

（4）培养一个深度爱好

适当的休息放松，是为了更好地投入接下来的"战斗"。培养一些可以缓解压力的爱好，对于成年人来说非常重要。同时，在兴趣爱好养成的过程中，可以用爱好带动自己去看看这个世界，真切地体悟人与人之间的个体差异，感受这个大千世界的多元性，实现对各种价值的包容。这是不论什么学科的学者，面对世界时都应有的胸怀。

● 读研四大"坑"及脱坑心法

说完大家在"研 0"阶段可以提前准备的功课，下面我们来聊一下四个研究生阶段大家常踩的"坑"。虽然"反向清单"听起来有点儿丧气，但人好像就是这么相似，咱们就尽量不踩别人踩过的、能避开的"坑"吧。人生的可贵之处在于经历，但大可不必全部经历。

第一"坑"：相信捷径的存在

直接点说，没有事情是可以轻而易举完成的，捷径是不存在的。就好像人们常说的"免费的可能最贵"一样，捷径走下来也终究是要还的。我们已经准备去上研究生了，认知这一步要到位，该有的都要用双手去创造，路要自己走下来。

这个世界上，能够一分耕耘、一分收获已经是幸运了。想要学写作就认真落笔，想要读文献就认真实践，看看这本书第一、第二部分的教程，自学一下怎样写开题报告、怎么找文献、怎么读文献、怎么写论文等。大家还可以去看一下第一部分的第5章，学习一下如何在模仿中前行。在实践之后，有问题的时候，就带着问题和思考去请教你的导师或者其他人。这就是读研生活，并无捷径可言。等、靠、要，是不会有好结果的。

第二"坑"：等待导师教会一切

研究生期间，你所选择的是一位导师。导师，顾名思义就是为你的研究学习提供指导的老师。他的责任是为你答疑解惑、提供支持，但绝没有义务手把手教给你每一步，更不可能像有的人期待的那样，如果你摔倒，他不仅要扶你起来，还要替你走路。

与初、高中老师不同，研究生导师不会将知识点、考点、得分点都帮你划清楚，更不会帮你抗下所有重活、累活。比起单方面的输出、指教，研究生阶段与导师的关系更像是合作伙伴，共同成长，共同进步，最终获得共赢，这是一个非常重要的底层逻辑。而在这个过程中，学会自学，将学习行为从被动等待转化成主动学习，学会自己给自己定目标，合理安排时间，这些都非常重要。

第三"坑"：我的选择我不认

成年人的世界中，最基本的规则就是"我的人生我选择，我的选择我负责"。换句话说，就是要有意愿、有能力去承担自己的决定可能产生的一切后果。我们要有战术上的勤奋，也要有战略上的勤奋。在做大的战略选择时，要搜集一切可能的信息，穷尽自己所有的选项，去做一个相对来讲，在彼时彼刻比较理智的最好的决策——贴合喜好、满足现状、符合对未来的期许。但即便如此，选择所带来的结果也可能与你预期的不一样。这时，一个人是否自立，是否有担当、有责任感就体现出来了。自立的成年人，会为自己的选择负责任，欣然接受，并采取行动，去把事情向好的方向推进。

这就是我常说的"选我所爱，爱我所选"。选择没有对错，我们要尽力，把一切的选择做成对的结果。很多时候，想做成事情，责任感比热忱更重要。

第四"坑"：一蹴而就提高能力

能力的提升不是读一本书、上一节课、看一个视频就能一蹴而就的，很多时候需要你通过"反复练习—仔细琢磨—上手去做—反复练习"这样一次又一次的正循环，不断地打磨，最后提升某一种能力。相信练习的力量，带着思考在练习的过程中不断琢磨、参悟才是正道。在过程中，要可以承受暂时的停滞不前所带来的焦虑感，也需要承受不愿付出努力的人对你施加的白眼和冷嘲热讽。

就以论文写作来举个简单而实际的例子。从我本科毕业做科研那一刻开始，几乎每天都在写作。写作这个东西，只要一停，手就生。比如我就能感到，假期休息几天，写东西的手感就不如一直写来得好。所以，大家要想提高任何能力，都要坚信1万小时定律，或者说坚信这种上手去做的意义，这是非常重要的。如果你觉得1万小时太遥远、太漫长，那么可以尝试我第二部分第2章中所讲的方法，从小事做起，将目标细化，用字数带动效率，以"100字"为目标，带动每天的写作和学习。

第4章

研究生阶段的"必修课"：与导师相处

在上一章中，我们讨论了"研0"阶段要做的铺垫有哪些，其中捋顺与导师的关系是十分重要的准备工作。和导师相处的功课，其实贯穿整个硕士研究生乃至博士研究生阶段。首先，我想说一下自己对于导师和学生关系的看法。其实在关系方面，谁更成熟，谁就应该负更大的责任。所以按道理来讲，导师们应该去下功夫营造好课题组的氛围，建立合理、公平的激励机制和合作机制，主动学习如何与学生建立共赢的关系。这些都是管理能力，或者在管理学科的研究中可以叫作"领导力"。有天分的领导者是少数，大部分人想要达成管理目标，都需要付出学习时间，在这方面下功夫。但实际生活中，部分导师在这方面的努力非常少。甚至有很多人瞧不起"学习管理"这件事本身，觉得这有什么可学的？不都是这么过来的吗？

你可能会问，老师，既然你都说了导师们应该去学习、去提升，那关我们学生什么事呢？是这样的，改变一个人很难。更何况这不仅是导师本身的问题，还有环境的问题，也有社会文化的问题。这些都不是一个学生可以在短时间内去改变的。但如果我们抱着消极的态度，一起"摆烂"，最后最"伤不起"的不是导师，而是我们自己。这就很让人痛心了。所以，我鼓励大家要学着让关系尽量向良性一端发展，给自己营造相对好的小环境。从自己做起，不要用别人的不成熟惩罚自己。这可能是在短时间内比较务实的解决方案。这一章里，我们就聊一下这个问题。在本章的最后，我会通过 8 个常见问题，去解答一些大家在与导师相处过程中可能出现的困扰，希望可以解开大家的心结，在人际方面少些障碍，给自己撑起一片天，然后好好成长。

● 因材治学：和导师链接的艺术

根据导师与学生间的关系，可以大致分为合作型导师、控制型导师和放养型导师（图1）。下面我们就来看看，作为学生，如何与各种类型的导师相处。

合作型导师

合作型导师可能是很多同学心中最理想的一种导师类型。与这类导师之间的关系更像是盟友、战友，而不是上下级，你们之间会形成一种良性的相处模式——分工协作，共同成长，

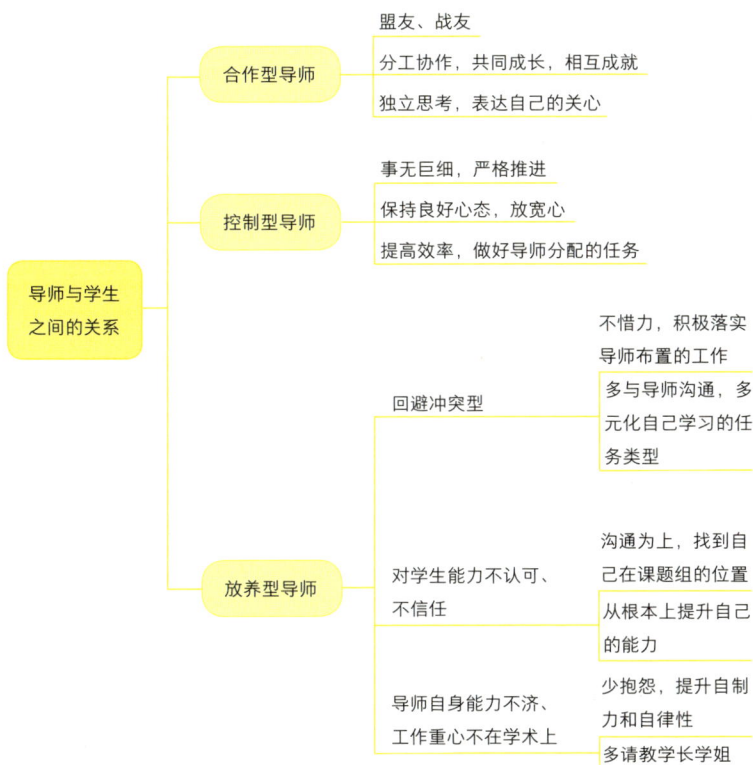

图1　与不同类型导师的相处之道

思维导图结构：

导师与学生之间的关系

- 合作型导师
  - 盟友、战友
  - 分工协作，共同成长，相互成就
  - 独立思考，表达自己的关心
- 控制型导师
  - 事无巨细，严格推进
  - 保持良好心态，放宽心
  - 提高效率，做好导师分配的任务
- 放养型导师
  - 回避冲突型
    - 不惜力，积极落实导师布置的工作
    - 多与导师沟通，多元化自己学习的任务类型
  - 对学生能力不认可、不信任
    - 沟通为上，找到自己在课题组的位置
    - 从根本上提升自己的能力
  - 导师自身能力不济、工作重心不在学术上
    - 少抱怨，提升自制力和自律性
    - 多请教学长学姐

相互成就，最终达成共赢。在这个过程中，因为导师和学生都是一心想做好科研，事情就会变得顺畅、容易许多。这类导师往往会将主动权交到你的手上，会聆听、采纳你的想法和思路。

与合作型导师相处最重要的一点，是你要跟他统一共同的目标，并且不断去讨论你们的共同目标，这是非常重要的，因为在烦琐的科研进程中，一个大的目标里通常嵌套着无数子目标。在这个过程中，要不断去跟导师聊每个子目标是什么以及可能的预期是什么。只要能够跟合作型导师确定好目标，且这个目标是能够实现双赢或者多赢的，那么你们的关系就会非常顺畅。

此外，在与合作型导师相处的过程中，除了高效率完成分配的工作，你更需要培养自己独立思考的能力，勇于表达自己的观点。合作型导师是特别愿意去和学生达成共同决策的，所以作为这种导师的学生，也要更加积极主动地去想出一些新的事情来，而不是被他带着走。我相信任何一个合作型导师，都会非常愿意去和学生互相引领，成为真正的"战友"。

控制型导师

控制型的导师属于事无巨细、严格管理，将"push"（推进）融入血液。这种类型的导师希望你最好可以 24 小时待机，随叫随到。假如有工位，控制型导师就是那个强制打卡的管理者——看见人才安心。与合作型导师倾听你的想法不同，控制型导师对与自己相左的想法，可以说是"零容忍"。他更希望你能想他所想、为他所想，并且严格执行他的意志和想法。

如果你是一个有自主性、可以达成自制自律的人，遇到这种导师可能就会非常痛苦。怎么办呢？正面出言顶撞和消极怠工都不明智，保持良好的心态、放宽心才是上策。跟着控制欲超强的导师，即便是不得已，也要做到更勤奋的向上管理，勤汇报，去降低导师的焦虑感，同时适当地展现存在感，让他安心。说到这里，会不由得想，同学们真不容易，作为导师，也要自我提升，配得上同学们的苦心啊。

同时，同学们要记住自己来读书的终极目标，如果导师性格强势，但是科研很厉害，那也算是目标一致，找到一个相处方案就行。但是，如果导师并不做科研，只是为了控制而控制，那就千万记住，我们的目标并不是和他去拼得你死我活——他强任他强，我要发文章。分一点精力去应付导师的同时，要加倍努力把自己的事情做好。和导师的交集是一时的，自己的前途却是永久的。

导师和学生的配对，合适是最重要的。如果你属于缺乏自我控制力，或者是特别喜欢被管着的学生类型，控制型导师无疑会最大限度地挖掘你的潜能。在他的指导下，很可能你的成长速度会远超旁人。

当然，学术的环境并不是完全封闭的，也在越来越规范化。如果你实在是忍受不了这种控制型导师的恶意控制，可以去查一下学生手册，里边一般都有应对答案。现在，各个大学也都非常关注学生的心理健康，一般都有咨询中心，我们要勇敢地去寻求帮助。同时，到了万不得已的时候，更换导师也不失为一个方案。记住，千万不要自己钻牛角尖，给自己的人生找到出路才是正解。读书只是生命长河中的一件小事，未来路还很长，万事都可以想办法。

放养型导师

控制型导师的另一个极端是放养型导师，这类导师的风格是完全放手让学生"自由生长"。很多同学面对这种类型的导师时会感到束手无策，被"我的导师什么都不管"所困扰。而我始终认为什么都不管的导师远好于"不懂瞎指挥"的导师。导师"放养"的原因其实有很多，我举几个类型例证给大家看一下。看完你可能就会知道，和一切人际关系一样，学生与导师的相处远远没有看起来那么简单。

第一种是回避冲突型放养。导师在培养的初期，可能会给学生一些任务，彼此熟悉一下。在这个时候，有的学生会表现得很不情愿，或者是直接阳奉阴违，一副"受害者"的模样。在这种情况下，一些导师可能会选择回避冲突，或者觉得性情不合，但又出于面子、性格等原因不愿意再沟通，转而不再交代事情，这就造成了一种被动型放养。这种情况是相对可惜的。作为一个年轻的学生，在一个课题组中面对导师所交代的事情，积极、不惜力地去落实是没有任何坏处的。同时，在这个过程中可以多与导师沟通，让他看到你的成长，去主动多元化自己学习的任务类型，慢慢经营，形成一个良性循环。

第二种是由于导师本身太忙或是对你能力的不认可、不信任所导致的放养。面对这种导师，我给你的建议还是沟通为上。能在一个课题组中找到属于自己的位置，也是一种重要的能力。能让大家在过程中看到你的能力，想要去和你合作，这都是需要你去争取、去努力达成的。所以说，在面对资源丰富但又有些"瞧不上"你的导师时，秉持着"接近他，才能学习他"的原则，努力提升能力，经营出与他之间良好的合作关系是十分重要的。

最后一种就是导师自身的原因，能力不济或是已经不怎么做学术所造成的放养。对于这种放养，换个角度看，其实也是给了你成长的空间。想要不荒废自己的学业，自制力和自律性就是关键的法宝。少一点抱怨，做好规划和把自己"导"到毕业的心理准备吧。先查清楚学校对于研究生毕业的硬性要求是什么，然后根据自己的喜好，或者在征得导师同意的前提下，找一个还不能带学生的年轻老师来实质上指导自己，确定研究方向。同时，可以请教相同研究领域的学长学姐。在这期间，你的自学能力和研究能力都会有一个质的飞跃。

● 导师相处问与答

在做研究生班主任与学生们交流的过程中，我发现经常会有同学感到与导师相处是一种困扰，为此大伤脑筋，甚至影响了自己的职业规划——因为不喜欢导师，所以放弃学术梦想，这着实可惜。下边，我挑出了其中比较突出的"与导师相处的8个问题"，希望可以解开你的心结。

问题1：要不要联系导师？应该什么时候联系？

对于这个问题，我认为最好联系，不要等着开学，更不要等着别人联系你，或者学校分配。换句话说，提前联系导师对你来讲是没有任何损失的，但所获得的收获都是我们的额外惊喜。

这里，又分为保研和考研两种情况。保研的同学如果保的是本校研究生，那可能会有一些自己比较熟识的老师。这里给大家一个建议，就是你在本科阶段有熟悉的老师，例如论文指导老师，或者各种计划结交的老师，这很好，但你不一定要去选这些老师当导师。因为研究生阶段，你有新的目标、新的诉求，需要选一个能够更加帮助你实现新阶段目标的导师。

在这个阶段，千万不要嫌麻烦，你要保持比较开放的心态去做一个选择。我相信，大部分心胸宽广的老师也是可以接受你这个选择逻辑的。而且老师们本身也不会认为，本科指导过你参加竞赛或者别的什么，你研究生阶段就和他绑定了。这不太现实，老师的指导学生名额也不可能够。学生根据自己各个阶段的目标付出努力，去更换导师，这是非常正常的一件事情。双向选择总是没有错的。

对于外保或者是考研的同学来说，这一点就更为重要了。想象一下，一个导师每年最多有一两个学生名额，他肯定首先是给自己合作过的同校学生。你难道不应该为自己去争取一下？这是非常重要的观念，绝对不应该坐在家里等着别人去联系你。如果这样，那你想想最后自己能得到的是什么？为了自己想要的去努力争取一把，这难道不值得吗？

问题 2：导师会因为我的成绩不好而不想理我吗？

对于考研的同学来说，在联系导师这一步经常卡住自己的不是别的，而是自卑。有的同学会觉得，在所有录取的学生里面，自己的成绩可能并不是名列前茅的，所以抬不起头来，根本就不敢去联系，觉得导师一定会瞧不起自己。这些真的是你想多了，从导师一方来看，学生只有考上和没考上的差别，你考上了就是考上了，至于考试成绩谁高谁低，没有人会在乎。因为对于做科研的人来讲，你当时的考试成绩可以说是一点儿参考意义都没有，不能证明任何事。比如，在我的课题组里，那些当初成绩一般的同学也可能是组里的"明星"。考多少分数和你在科研组里的贡献完全是两件事情,所以大可不必自卑,没有老师会看重这个。该联系,就大胆去联系。退一万步讲,如果有的老师因为你的成绩低,奚落你,那就赶紧跑路,这是多好的反向选择机会呀!

问题3:如何联系导师,需要准备什么?

首先,可以根据学校往年的招生导师名单,选出2~3位心仪的导师。通过学校官网介绍和查阅导师论文,了解导师的具体情况。之后可以想办法找到师兄师姐询问了解。关于师兄师姐的回答建议,我有一个想法,那就是他们所说的只能参考,不能百分百照听。因为很多时候,A眼里的导师和B眼里的导师可能根本不像同一个人。换句话说,人的关系都是一一对应的。这个导师怎么样,还是需要你自己去亲自了解一下,不要因为一个人偏颇的想法,就把你跟这个导师的连接斩断了。

确定候选导师之后,你可以通过登陆学校官网查询,或是在中国知网、学者成果库或者某篇通讯作者是该导师的文章中查找到导师的邮箱。在给导师发邮件的过程中,大家可以注意以下几点。首先是邮件的主题一定要明确,可以采用"姓名(毕业院校)—自荐信"的格式,这样既能让导师一目了然明白你的意图,而且对你的名字也会留下直接的印象。其次是在点击发送之前,一定要认真检查导师姓名、邮件格式是否正确,用语是否礼貌，态度是否谦虚诚恳，确认无误再发送。

在写这封邮件的时候，我建议大家多费点儿心思，既然只联系两三个老师，那你就应该把每个老师都研究得透彻一点，给每一位老师写一封看起来是专门为他定制的信，而不是泛泛的、毫无情感的、替换一下名字就发出的通用邮件。如果你发了一封通用的邮件，那我觉得和不发也没有什么差别。你有没有用心，邮件里都是可以看出来的。

邮件的内容中，需要介绍自己的基本情况，然后要阐明自己的科研经历和科研发表，这两项非常重要。同时建议附上自己的三个最大优势。最后明确表达对老师科研方向的兴趣以及自己愿意加入科研团队的决心。

这里所说的科研经历，是指在过往阶段中所呈现出的科研素养以及科研轨迹，比如你所做过哪些实验，带过哪些问卷调查，做过哪些先期整理工作，是否处理分析过数据，以及在这个过程中能否展现出模型构建能力、逻辑思维能力和研究呈现能力等。通过这样的经历和能力展示，你所呈现在导师面前的形象就是"我能成为一名科学家""我有做好学术研究的能力"。

而科研发表是一个人科研能力的重要体现之一。是否能将自己的科研想法通过同行评审这种机制，最终作为学术发表呈现出来，这里边可以说明很多问题。尽管我们现在倡导"不唯论文论",但不能否认的是,科研发表所体现出的是一个人的综合能力:是否具备项目管理能力,是否具备时间管理能力,是否具有高效学习能力等。所以,如果有机会,大家一定要积极参与到导师的各种项目中,从各个阶段开始争取,完成一定的科研发表。当然需要强调的一点是,我认为没有科研发表经历的"一张白纸",远好于一个"不入流"的科研发表。所以大家一定不要把一些非常"水"的普刊放在自己的简历里,我认为这是减分的。

关于自己的优势,你要想一下,你有什么优势是非常能够为课题组加分的,有什么品质是可以去帮助你和你的导师共同完成你们的梦想的?同时,你也可以问一下导师候选人这样的问题,比如他对于学生的期待是什么?他的课题组需要哪个方向的人才?然后去做进一步的交流。

问题4:导师不回复我怎么办?如何解读导师的回复?

需要和大家说明,导师不回复你是很正常的一件事,这并不代表导师对你没有兴趣,所以没有必要因此而感到焦虑。可能是导师太忙了,或是你的邮件被拦截到了垃圾邮件里面,又或者是导师看到了你的邮件,但觉得没有什么问题也就没有回复,这都是正常情况。如果你很中意这位导师,那不妨隔几天再发一封邮件。没有必要觉得不好意思或者会打扰到老师,毕竟很多事情都需要靠自己争取。退一万步讲，即便导师不想要你又懒得回复，那你多去发几次邮件，也可以得到一个比较肯定的拒绝，这也是一个意义。

导师回复邮件以后，同学们可能就开始通过导师的行文措辞去做阅读理解了。简要来说，导师没直接说要你，那就是没确定。你不用猜，可以直接追问。有的同学可能会觉得，如果我去追问导师，万一他被我惹毛了，然后不要我了，这可怎么办？我觉得，如果这样一个行为就能够惹毛导师的话，那只能说明这位导师非常不好相处，那就及时止损，反向选择也是有意义的。

问题5：确定导师之后如何进行第一次交流？

所有的交流，都是在尊重礼貌的基础上做到不卑不亢为好。第一次的交流重点还是应该放在自我介绍上，同时可以就自己对未来的规划与导师聊聊天。与导师进行每一次沟通之前，我都建议大家一定要做好准备，把想要聊的事情提前有条理地列好。大家也可以采用如下"沟通会议记录表"的形式（表1），既给自己备份一个记录，也可以发给导师，让他看到你的态度和真诚。同时，里边的待办事宜可以提醒导师，他能提供哪些方面的帮助。

表1　导师沟通会议记录表

时间	
方式	
问题	
导师建议	
沟通心得 及计划目标	
需要老师帮助的 事项	*例如：导师开会的时候对你说"之后发给你×××论文"，或者"你那个研究方法，我想不起来是什么，应该用×××，之后你找我要"……*

问题6：自己论文的方向和导师的研究方向不一样，该怎么办？

面对这个问题，我给大家的建议是，你的第一篇论文还是尽量跟着导师的研究方向比较好，不要过分强调个人的喜好。第一篇论文往往是一个夯实基础的过程，跟着导师的研究方向可以大大减少选题阶段可能带来的不必要的时间消耗。此外，相较于其他不熟悉的方向，导师所专注的研究方向一定是他最得心应手、最会教、你可以得到最多的部分。第一篇论文，可以帮你迅速达成从 0 到 1 的突破，用最短的时间走完从想法到论文的完整过程。这个过程就是在帮助我们自己建立一个正反馈循环，一步一步地实现自我激励。很多时候，我们在追求兴趣，但其实大部分人都是对做得好的事情比较感兴趣。在打好基础、熟悉流程之后，你可以想想如何去将每个环节、每个步骤变得更好、更精致。同时，可以摸索所谓的自己真正感兴趣的研究方向。而更大的概率是，做好第一篇论文后，你可能就开始喜欢上这个研究方向了。

问题 7：导师和副导师给我的任务不一样，无法兼顾怎么办？

你首先要明确，即便是被分配给了副导师，你真正的导师还是这位"大导师"，他才是那个要在你的各类文件上签字的人。所以无论如何，一定要定期找大导师进行汇报，即便他很忙，也可以将自己的思路有条理地汇总发给这位导师，表达尊重。重要事项的进展也要抄送给自己的导师，让他了解你的工作。同时，记住不要偷奸耍滑、两面三刀，在两个人中间挑起矛盾，想要让他们都觉得你最好。事实上，在年长的人眼里，你的这些小把戏只要被发现一次，信任就会崩塌。要记住：真诚才是良药。遇到一些困境时，比如当两位导师分配给你的任务产生冲突的时候，要做到及时分别与两位导师沟通，说明现在的情况，承认目前无法兼顾两方面的任务，表达清晰，然后提出建设性的方案，力求在不生成误解的前提下，还能推进事项。

问题 8：师兄师姐老是指使我干活儿怎么办？

本质上来说，这是一个学习的过程。跟着师兄师姐干活儿，做些平时的基础性工作，是很正常的。在这个过程中，你能够获得一些基础性的能力，熟悉实验或项目流程。轮到日后自己去主持事情的时候，就不会掉链子。与此同时，你可以通过这些事情去培养和师兄师姐的关系，还可以向导师和课题组里的其他人展现你可以做好烦琐事务的能力。别小瞧这点，它很重要。

同时，我建议你在这个过程中不断进阶自己的能力。经常有同学抱怨，师兄师姐把杂活儿一股脑地都甩给自己。这种情况你要评估一下，除了杂活儿以外，其他的活儿自己干得好不好、能不能干。如果能干的话，那我建议你还是跟自己的导师沟通一下，然后告知他你已经具备干别的事情的能力，然后让他给你一些机会去展现自己。但是无论如何，即便你已经能够干非常高级的事情了，这些杂活儿也是要亲自上手去做的，这个心态要摆平。

与此同时，我强烈建议每个学生，不要让师兄师姐把自己架空了。可以跟着师兄师姐干事情，但还是要保持与自己导师的沟通渠道畅通，不要嫌麻烦。当然，这也是很多导师自己管理过程中一个非常大的弊病。因为自己嫌麻烦，所以不想跟每一个学生去沟通，于是把所有事情都交代给某一个或几个年长的学生，让他们去做二级管理，这在管理学里其实是有争议的。对于这种科研导向型的扁平团队来说，还是要跟导师保持直接沟通，大家在这一点上一定要注意。

第5章

研究生阶段的"选修课"：与同门相处

开启研究生生活之后，有一项新的挑战会出现在你的社交活动中，那就是与同门相处。在同一个科研团队里，好的同门关系可以让人心情愉快，缓解科研生活中此起彼伏的焦虑感。如果同门之间关系紧张，就很容易陷入煎熬，郁闷之情溢于言表。所以在上完"与导师相处"这节"必修课"之后，"与同门相处"这门"选修课"也需要提上日程。在这一章，我就和大家来聊一下与同门相处的艺术，之后通过 8 个常见问题，让大家看看关于这个问题我在不同维度的思考。

● 君子之交：和同门相处的艺术

首先，我先表明一下自己的观点。如果从你加入的第一天起与同门关系就不够好，请不要自责。这是氛围的问题，氛围是大家共营的，甚至是导师一手造成的，不是你一个人可以一朝一夕改变的。请不要有挫败的感觉，这点很重要。如果可以融入，就下点儿功夫。如果不可以，那就顾好自己，这是一个人在不安定的环境中，能够给自己营造的最好的氛围。下边，我们聊一下与同门相处的四大原则。

原则一：保持尊重，求同存异

尊重，是所有关系的前提，与同门的相处也不例外。每个人的成长环境、生活背景都不尽相同，价值观和对待事情的看法也是千差万别，所以不要轻易去评价、否定，甚至是批判别人。在平时的接触中，面对不同观点或是有分歧的时候，大可不予理会。对未来的选择、对某件事情的看法，诸如此类问题都是十分个人的，很多时候并没有对错之分。在尊重的基础上求同存异就好。比如有共同的兴趣爱好、共同喜欢的明星，那自然也有更多的共同话题；但如果真的相处不来，也不必强求，更没有必要苛求自己一定去融入一个所谓的"圈子"。合作看利他的交换，友谊看缘分，期待互敬即可。

原则二：交流沟通，互帮互助

除了互敬，如果可以交流、相互扶持，那就是理想中的关系了。在研究生阶段，很多烦恼或困扰只有身处同一个项目或课题组的人才会更有共鸣，所以同门之间如果可以交流，对个人成长和心理健康都有益处。一方面，大家的具体研究题目可能不同，但相同专业所需要的参考书、软件学习等技能群基本都是相通的，遇到问题及时沟通求助、相互学习，有助于提高科研效率；另一方面，每个人所掌握的信息来源不同，信息共享是必要的，比如研一哪些课程对研究方向有益、找工作信息互助等，都需要多交流。在互助的过程中，有一点需要注意的是，同门之间能够帮上忙是情谊，不帮也是本分。不要假设自己的一切困难都能获得别人的回应和帮助。每个人有不同的状态，大家都不容易，互相理解才能走得长远。

原则三：正视竞争，乐于分享

同门之间的矛盾，往往起源于相互之间的某次竞争。同一个导师、同一个课题组的资源毕竟是有限的。如果导师的领导能力比较好，能够将资源尽可能地合理分配，建立有序、公平的激励机制，会很大程度上避免大家的矛盾，整个课题组的气氛也会相对融洽。而且，大家毕竟都是成年人，应该已经能体会到，有人的地方就有竞争和合作。从长远来看，格局拉大点，互相扶持能带来的是更广阔的合作，这其实也是乐事。但倘若组里氛围不佳，甚至有的导师会有意识地去挑拨关系，制造组内恶性竞争氛围——他们一厢情愿地认为，只有所有人不合，才能让每个人都得来维护和他的关系——在这种零和博弈的环境下，人很容易异化，做出一些不理智的行为。这时候，社会支持系统就很重要。遇到事情，可以和校外的好友，或者你比较信任、敬重，同时有能力的长辈去聊一聊，不要钻牛角尖。度过这段艰难的时间，保护好自己，期待到达目的地，这也是一个办法。

原则四：保持距离，注意分寸

这一点不仅适用于与导师的相处，也适用于同门之间的关系。作为加入课题组的新成员，没有必要急着跟所有人都变得关系很好。客气礼貌，乐于帮忙，不卑不亢静静观察，以这样的姿态慢慢融入，不失为一个很好的选择。"距离产生美"这句话在同门关系中同样适用。都这么大的人了，没有必要每天都待在一起。同时，人与人交往，有时候"不做什么"比"做什么"更重要。我认为，轻易不要说别人的坏话，不要人为地把自己变成组里的"事儿精"。尽量控制好自己，不要随便打探别人家庭情况，也不要随便把A和你倾诉的事转头就告诉B。研究生也是社会人，一些基本的分寸，要从上学开始学习。

● **同门相处问与答**

经常会听到同学们吐槽与同门之间的关系。这里我拿出其中比较常见的与同门相处的 8 个问题和大家做个探讨，看看这些心结怎么破解。

问题 1：同门对导师溜须拍马，而导师似乎也很喜欢这种学生，我该怎么办？

其实并不难理解，大家都喜欢对自己说好话、能让自己开心的人，这在某种程度上是一种情绪价值。你要做的，就是摆正自己的心态。当你不屑于此的时候，可以尝试模仿一下，就会发现，溜须拍马是个技术活儿，并不容易。当你认识到这种自己有些看不上的小伎俩是一种本事、一种能力的时候，可能就会好接受一些。如果你不屑于做，或是不愿去做，抑或是不知道如何去做，那你就必须承认，别人是因为具备这种能力和意愿，去付诸实践，从而得到了某种好处。这样一想，就比较容易放平心态。

同时，成年人要为自己的决策买单。如果你不屑于这些，不想付出额外的劳力去维护关系，那也就不必期待额外的好处了。做自己，有成本，这一点要承认。

问题2：研究生上了好学校，在与同门相处的时候，常因为自己的本科院校而感到自卑，不敢去交流，我该怎么办？

因为自己的本科院校不那么出色而感到自卑，这是完全没有必要的。在研究生这样一个"科研竞技场"上，并没有人会在意你是从哪里毕业的，或者考研得了多少分。如果你觉得同门不愿意理睬你，最大的可能是你内心自卑，看起来胆怯退缩，同门看到这样的你时，自然会觉得"水平好像的确不行"。反馈到你这里，感觉到的可能就是"居高临下""看不起"，或是所谓的"歧视"。其实，人和人的关系是一一对应的，你给了他卑微的感觉，他还给你的大概率就是轻慢。

同时，我始终认为，人应该承担自己的过去。注意，是承担，不是负担。由于当时的个人能力水平不足，导致本科院校并不理想，这是事实，无法改变，但我认。你基于这个事实，如何对待我，我也认。即使本科"双非"（非"双一流"建设高校），那也是我凭本事考的，为什么不认！如果你们为此而看不起我，那只能说明你们素质低下！同时，我现在会努力，为自己的未来打拼，至于成绩如何，也不是给你们看的，而是为了未来的自己。这是属于我自己的志气。长志气，而不是去争一时长短，为自己而活，这种感觉非常棒！你可以试试。

问题3：同门特别"卷"，我感到压力很大，与他们关系很紧张，怎么办？

有这种感觉的同学，其实你已经陷入了一个被他人的做法所左右的怪圈中，你生活中的关注点都放在了别人身上。这是完全错误的，你所关注的焦点应该在自己手里的事和自己身上，这才是与你切实相关的。多去想想我还需要做些什么，我有怎样的计划，我还需要有怎样的提升。同时与导师多沟通、多交流，这样不仅同门带给你的焦虑会大大减少，在导师眼里你也是一个会思考的人，你的贡献也更容易被看到。

问题4：目前是“研0”阶段，已经进实验室适应环境，开始做一些事情了，但同门会不会觉得我太“卷”？我应该如何把握这个度呢？

这个问题其实和上一个问题很相似，同样是陷入了行动和想法被他人左右的状态，你的努力不应该被任何人影响。有很多同学一方面担心开学之后，来自学校和导师的要求会越来越高，忧心自己的承受能力；另一方面又困扰于自己如果表现得太积极，会被同学说闲话。对这种问题，我认为你的目光始终应该聚焦于自身成长，你对自己的定位和要求是怎样的？你希望通过自己的努力收获到什么？而不是时刻看着别人，瞻前顾后。其实，为了自己的目标去努力，就不要管别人怎么说，要有被讨厌的勇气。你的“卷”，最终受益的也会是你自己，所谓周围人的想法并不重要。更何况，因为你更努力就心存不满冷嘲热讽的人，心胸如此狭窄，未来根本配不上成为你的“周围”，何必挂心。多补充一句，我觉得这种情况是正常的学习状态，达不到所谓的“卷”，离“卷”还差得远，不必多虑。

问题5：我有一位同门私下会对专业十分不满，对手中的工作也各种抱怨，但是在师兄师姐和老师面前又会表现出任劳任怨、积极向上。对他这种状态我有些鄙视，请问该怎么收敛情绪和这种同门相处？

　　这种"两面派"的行为我并不提倡，面对这种同学的时候，大家往往都会觉得不齿，甚至是鄙视，其实没有必要。看不惯，就保持适当距离，不喜欢，就渐渐疏远。当同门再在你面前抱怨或是表达不满的时候，笑而不语就好，不要轻易表露自己的想法和情绪，也没有必要去背后议论他人。可能他也不是真的生气或不满，只是单纯在你这里吸收一些情绪价值而已。认真的话，你就输了。还是那句话，做好自己的事情，不要轻易让自己的情绪被这些无谓的人所左右。

　　问题6：师兄师姐经常没有好脸色，如何处理好和他们的关系？

　　对于这个问题，我们一定要明确，虽然科研团队中是需要相互协作的，但团队中的每个人都会有自己的主线，所以"一起"这个概念在研究生同门之间会变得很难实现。我们甚至不需要期待任何事情都"一起"。在相当长的一段时间里，你需要独处。同时，每天迎接你的也不一定会是师兄师姐的笑脸，反倒可能是他们很"丧"的状态，这并不是不欢迎你或是对你有看法，更多的时候是由于他们自己的科研中可能出现了这样或那样的问题，或者只是单纯的心情不好。不需要去过分解读。

问题 7：被师兄师姐安排做自己不喜欢的事情，如何在不伤感情的前提下拒绝呢？

有这种纠结，究其根源是你什么都想要。你又想拒绝，又不想承担拒绝之后对方不高兴的情绪。贪婪使你纠结。冷静想一下，你是因为推掉了自己不愿意做的事情，从而获得了心情的愉悦，那么他对你的态度就是你所要承担的后果，这很公平。你得到了自己想要——不做事，那对方怎么反应，是他的事情，由此产生的后果，承担就是了。求仁得仁嘛。我有一句自己很得意的话：只要想要的少，你就都能得到。

此外，我始终认为，一个年轻人新进到一个课题组，做一些所谓的杂事是必要的。即便是具备无数高阶能力的人，每天也不可避免地要处理很多杂事。这是一个必需的过程。

当然，在与师兄师姐相处的过程中，有些事情是需要直接去拒绝的。拒绝的时候，如实相告远好于遮遮掩掩，找理由、想借口往往会是产生嫌隙的开始，在与同门相处的时候一定要把握好这种界限感。

问题 8：组里来了新的学弟学妹，导师总交代我：他刚来，你带他一下。我的困惑是：让我带他干什么呢？

导师一般就是想要表达一下：大家要团结友爱，有一定的传承，实现组织里的知识传递。大概就是这个意思。不过你也不用有什么心理负担，都是研究生了，大家自己管自己，把事情做了就行。能够实现知识顺畅传递，也是件挺难的事，关于这个问题，有专门的一系列研究。所以呢，平常心就好。

后记

正如本书开篇所述，这是一部写给有科研需求的初学者的入门小册子。作为这条入门之路的陪伴者，我想带你回望我们从零开始的旅程。

在这本书的第一部分，我们聚焦了学术人必备的四大基本素养：文献管理、文献阅读、数据搜集与英文写作。得当的工具和方法能够帮助你更高效、轻松地掌握这些技能，为从事科研打好基础。在第二部分，初窥门径的你开始涉足学术论文写作。从确定研究选题、撰写开题报告，到论文各部分的撰写，再到修订格式和论文答辩，一旦掌握了正确的方法，这一切并不像你想象中那么困难。在第三部分，我致力于帮助你增加学术成果的影响力，将其发表在高质量的期刊上，与专家同行交流碰撞。为了实现这一目标，我同你分享了提升论文写作的语言逻辑和修改润色的必备工具，从作者和副主编两个视角复盘了论文从投稿到接收的"通关秘籍"，以及论文展示的技巧。最后，我希望你不但能拥有杰出的成果，也能收获灿烂的前程和畅快的生活。所以，我将大学保研的规则，研究计划的写作，"研0"新生的学前准备，以及和导师、同门的相处之道倾囊相授。

我相信，对于我而言，这是一趟满载而归、难以忘怀的旅程，希望对你来说也是如此。然而，送君千里，终须一别。在旅途的终点，我想告诉你的是：如果你不亲手去推，那扇门永远不会为你而开。我能给你的，是珍藏的地图和小心翼翼的叮嘱，却不能代替你迈出那勇敢的第一步。

许多同学曾对我说，他们不清楚自己究竟适不适合从事科研，也不明白自己感兴趣和有天赋的领域到底是什么。我的回答一般都是：不妨试试看。你不需要找人分析，更不用自己纠结，重要的是去尝试、上手去做。哪怕在头脑中演练千遍万遍，想法也只是想法。不要只停留在想的阶段，事情不是想出来的，而是做出来的。人不是被别人激励的，而是被自己能做成的事激励的。科研并不是高高在上、不可触摸的神秘事物，同所有工作一样，它不仅需要头脑中的思辨与规划，更需要一个一个环节去攻克、去实现，在实践中积累经验和成绩，给自己争取一个又一个正反馈，创造一个又一个正循环。

正如胡适先生所言："怕什么真理无穷，进一寸有一寸的欢喜。"在起步时，你难免失落彷徨、迷茫无助，觉得自己走的是一条人迹罕至、荆棘丛生的崎岖之路，每一步走得都是那样艰难。然而，你没有发现的是，每走一步，头上的天空也就开阔一分、明朗一分。直到某一刻，你会发现，之前所有的咬牙坚持，都是为了让你走出这条属于自己的路，抵达这扇属于自己的门。迈过去，从此向左向右向前向后，都是自在探索的通途。

现在，带上我的祝福，去推开那扇属于你的学术之门吧。